HEYNE

Rainer & Regina Franke

100 Situationen, in denen Sie klopfen sollten

Die Stürme des Alltags meistern mit
MET-Klopftherapie

**WILHELM HEYNE VERLAG
MÜNCHEN**

Das vorliegende Buch ist sorgfältig erarbeitet worden.
Dennoch erfolgen alle Angaben ohne Gewähr.
Weder Autor noch Verlag können für eventuelle Nachteile oder Schäden,
die aus den im Buch gemachten praktischen Hinweisen resultieren, eine
Haftung übernehmen.

Verlagsgruppe Random House FSC®-N001967

2. Auflage
Vollständige Taschenbuchausgabe 07/2014

Copyright © 2011 by Integral Verlag, München,
in der Verlagsgruppe Random House GmbH
Copyright © 2014 dieser Ausgabe by Wilhelm Heyne Verlag,
München, in der Verlagsgruppe Random House GmbH
Alle Rechte sind vorbehalten. Printed in Germany
Redaktion: Karin Weingart
Illustration S. 25: Reinert & Partner Werbedesign, München
Umschlaggestaltung: Guter Punkt, München
Umschlagmotiv (Icons): © gabor 2100 / shutterstock
Herstellung: Helga Schörnig
Satz: Christine Roithner Verlagsservice, Breitenaich
Druck und Bindung: GGP Media GmbH, Pößneck
ISBN 978-3-453-70255-4

http://www.heyne.de

Inhalt

Ouvertüre 11

Meridiane und ihre Bedeutung für unser
Wohlbefinden 15
    Gefühl und Körper 15
    Glaubenssätze und Überzeugungen 18

Gedachtes wird Realität 20

Die MET-Klopftechnik 23
    Negative Gefühle 26
    Glaubenssätze 29
    Wahlmöglichkeiten 29

100 Situationen

Akute körperliche Symptome 35
1 Allergien 36
2 Erkältungen 40
3 Kopfschmerzen 43
4 Verdorbener Magen, Übelkeit 45
5 Zu viel gegessen 47
6 Katergefühl 47
7 Schluckauf 48
8 Sonnenbrand 49

9	Verschluckt	50
10	Verstauchungen, Verrenkungen, Prellungen	52
11	Wetterfühligkeit	54
12	Angst vor Gewitter	56
13	Zahnschmerzen	57

Ärger ... 58

14	Zum Beispiel: Straßenverkehr	58
15	Zum Beispiel: die lieben Nachbarn	59

Berufswelt ... 62

16	Burn-out	62
17	Computer und andere technische Geräte	65
18	Karriere	67
19	Negative Gefühle gegenüber Kollegen	70
20	Konflikte mit Kollegen	71
21	Entlassung	72
22	Konflikte mit Vorgesetzten	74
23	Leistungsblockaden	75
24	Als Chef/Vorgesetzter/Unternehmer	77
25	Mobbing	79
26	Stress	81

Bürokratie ... 84

27	Umgang mit Behörden	84

Ängste ... 89

28	Ängste, die Gesundheit betreffend	90
29	Katastrophen	92
30	Angst vor anderen Menschen	94

31	Bahnfahrten	95
32	Autofahrten	96
33	Flugangst	98
34	Existenzangst	100

Entscheidungen 103
35	Vor dem Kleiderschrank	104
36	Im Restaurant	104
37	Verabredungen	105
38	Berufsleben	106
39	Partnerschaft	108

Gesundheitspflege 111
40	Abneigung gegen bestimmte Lebensmittel	111
41	Übermäßiges Verlangen nach Essen	112
42	Verlangen nach süßen oder salzigen Leckereien	114
43	Fitness	117
44	Schlafstörungen	118
45	Zähneknirschen	120
46	Nägelkauen	121
47	Arztbesuche, Krankenhausaufenthalte	122

Körper und Sexualität 125
48	Ablehnung des eigenen Körpers	126
49	Die eigene Sexualität	128

Lampenfieber/Sprechangst 130
50	Schon mal durchgefallen, versagt, abgelehnt worden?	130

51	Vor dem Auftritt	132
52	Premiere	133
53	Präsentationen, Reden, öffentliche Auftritte	135
54	Familienfeiern	136

Notsituationen 139

55	Verlust eines geliebten Menschen	139
56	Tod eines Haustieres	144
57	Verzweiflung und Suizidgedanken	145
58	Schlechte Nachrichten	148

Partnerschaft 150

59	Vergangene Beziehungen bewältigen	150
60	Eine neue Beziehungen eingehen	151
61	Eifersucht	153
62	Unordnung und andere Ärgernisse	155
63	Seitensprung	156
64	Kommunikation	157
65	Sex in der Partnerschaft	158
66	Gefühle neutralisieren	160

Prüfungen 162

67	Vor der Prüfung	163
68	Klassen- und Abschlussarbeiten in der Schule	164
69	Fahrprüfung	166
70	Universität	167
71	Nicht bestanden?	168
72	Bewerbungen	169

Schwangerschaft und Geburt 171
73 Schwangerschaft 172
74 Geburt 176
75 Die erste Zeit mit dem Neugeborenen 178

Leistungssteigerung im Sport 182
76 Vor dem Tor 183
77 Fouls 184
78 Elfmeter 185
79 Nach einem verschossenen Elfer 186
80 Team 186
81 Gegner 187
82 Trainer 188
83 Am Abschlag 189
84 Auf dem Rasen 190
85 Das Putten 191
86 Die Begegnung mit dem Pferd 193
87 Nach einem Reitunfall 194
88 Auf dem Tennisplatz 195

Rund um den Urlaub 197
89 Bevor der Urlaub losgeht 198
90 Im Urlaub 199
91 Wieder zu Hause 201

Verletzungen und andere Zwischenfälle 203
92 Verbrennungen, Verbrühungen,
   Schnittwunden 203
93 Beinahe-Unfälle 205
94 Leichte Unfälle 205

95	Unfälle mit Schadensfolgen	206
96	Unfälle mit Personenschaden	208
97	Mückenstiche	210
98	Bienen, Wespen und andere stechende Insekten	211
99	Feuerquallen	213
100	Bisse von Tieren	214

Fallberichte und Rückmeldungen
von Seminarteilnehmern 215

Literatur 234

Seminarangebot der Franke-Akademie 235

Klopftherapie am iPhone: mit dem MET-App
Ängste auflösen..................................... 236

Über die Autoren.................................... 237

Ouvertüre

Wie vielfältig die Situationen sind, in denen Sie sich erfolgreich beklopfen können, haben Sie bestimmt schon beim ersten Blick ins Inhaltsverzeichnis festgestellt. Was es damit aber genauer auf sich hat? Nun, das werden wir Ihnen Schritt für Schritt erläutern.

Nur das sei hier schon vorausgeschickt: Eine wichtige Rolle spielen dabei die sogenannten Meridiane, Energiekanäle, die den Körper des Menschen durchziehen und im asiatischen Raum schon seit Jahrtausenden bekannt sind.

Bei der Akupunktur werden bestimmte Punkte auf diesen Meridianen genadelt, um – meistens körperliche – Störungen zu beheben. Bei MET werden sie beklopft. Und zwar nicht allein, um eventuelle physische Probleme zu beseitigen, sondern vor allem, um negative Gefühle, Gedanken und Glaubenssätze über sich und die Welt sofort und dauerhaft zu verändern.

Das ist die erste gute Nachricht. Die zweite: Bei MET können Sie es selbst machen!

Als wir das Beklopfen von Meridianpunkten 2001 kennenlernten, ging es uns zunächst wie wahrscheinlich Ihnen jetzt auch: Blödsinn!, haben wir gedacht. Wie soll das denn gehen? Als klassisch ausgebildete Therapeuten, der eine Diplom-Psychologe und Gestalttherapeut, die andere Heilpraktikerin und klassische Homöopathin, waren wir es, wie alle anderen Therapeuten in dem Bereich auch, gewohnt, mit Klienten über einen längeren Zeitraum hinweg zu arbeiten, manchmal jahrelang, ohne dass sich deutliche Verbesserungen einstellten. Mit anderen Worten: Wenn es überhaupt zu Veränderungen kam, erforderten sie viel Zeit- und damit auch Geldaufwand für den Klienten.

Und nun sollte man plötzlich Ängste und andere negative Gefühle oder sogar Glaubenssätze sofort und dauerhaft auflösen können? Unmöglich! Aber unsere ersten Klopferfahrungen mit uns selber und unseren Klienten haben uns schnell eines Besseren belehrt.

Seitdem haben wir schon mit mehreren Tausend Menschen gearbeitet bzw. geklopft und stellen dabei immer wieder fest: MET funktioniert! Unsere Begeisterung und die unserer Seminarteilnehmer sowie Klienten kennt nach wie vor keine Grenzen.

Es ist uns eine große Freude, Ihnen mit diesem Buch einen weiteren Selbsthilferatgeber an die Hand geben zu dürfen, den Sie jederzeit nutzen können, um sich sofort in eine verbesserte Gefühlslage zu bringen und (mindestens) hundert Alltags-, aber auch nicht ganz so alltägliche Situationen erfolgreich zu bewältigen.

Zunächst erfahren Sie etwas über den geschichtlichen und theoretischen Hintergrund der MET-Klopftechnik. Anschließend werden wir Ihnen die Methode detailliert erklären. Und dann zeigen wir Ihnen an 100 Situationen, wie Sie diese geniale Technik zu Ihrem Nutzen anwenden können.

Und um Sie zu noch mehr zu inspirieren und zu motivieren, haben wir zum Abschluss ein Kapitel mit Fallberichten für Sie zusammengestellt.

Wir sind davon überzeugt, dass auch Ihnen das Klopfen ein treuer Begleiter wird, der Sie dabei unterstützt, die Hürden des Lebens besser meistern zu können und dadurch mehr Lebensqualität zu erlangen.

Wir wünschen Ihnen von Herzen viel Erfolg!

Ihre
Regina und Rainer Franke

Meridiane und ihre Bedeutung für unser Wohlbefinden

Meridiane, im asiatischen Kulturraum seit Tausenden von Jahren Grundlage vieler Gesundheitspraktiken, sind feine Kanäle, durch die ständig eine schwache (aber durchaus messbare) elektrische Energie fließt. Sie stellen die Verbindung zwischen Geist und Materie dar, durchziehen den Körper und versorgen ihn mit Lebensenergie. Diese spiegelt sich nach Ansicht der traditionellen chinesischen Medizin in den Emotionen des Menschen wider: Positive Gefühle lassen auf einen freien Energiefluss schließen, während negative auf einen blockierten Energiefluss hindeuten.

Übrigens: Die Existenz der Meridiane konnte mit verschiedenen Methoden wissenschaftlich nachgewiesen werden, z. B. unter Zuhilfenahme einer radioaktiven Tracersubstanz bereits 1985 durch französische Wissenschaftler. Im Jahr 2005 ist es Prof. Dr. Popp und Dr. Schlebusch unter Verwendung einer bestimmten Infrarottechnik gelungen, sie sichtbar zu machen.

Gefühl und Körper

In ausgeklügelten Experimenten hat sich die US-Wissenschaftlerin Candace B. Pert der Entstehung von Gefühlen und deren Einfluss auf das Köpergeschehen gewidmet. Ihren Erkenntnissen zufolge beeinflussen sich Körper und Geist/Gefühle gegenseitig und bilden somit eine Einheit, die die Forscherin als »Körpergeist« bezeichnet.

Pert hat nachgewiesen, dass Gefühle im Hypothalamus in körpereigene Neuropeptide umgewandelt werden und über die Blutbahn zu den Rezeptoren der Zellen gelangen. Dort lösen sie entsprechende Köperreaktionen aus. Deswegen werden wir rot vor Scham, bekommen »Ameisen« im Bauch oder Durchfall vor Aufregung etc. Die Verbindungsbahnen zwischen dem Körper und dem Feinstofflichen (Geist, Gefühl) des Menschen bezeichnet Pert als »Informationskanäle«.

Sie schreibt: »Wir müssen Gefühle als Zellsignale begreifen, die an der Übersetzung von Information in physische Realität beteiligt sind – buchstäblich an der Verwandlung von Geist in Materie. Gefühl ist das Bindeglied zwischen Materie und Geist und wechselt zwischen ihnen hin und her und beeinflusst beide.« (Pert, *Moleküle der Gefühle*, S. 289)

Des Weiteren haben ihre Forschungen (sowie die Erkenntnisse der Epigenetik) ergeben, dass starke negative Gefühle, die nicht verarbeitet werden, auf der Zellebene gespeichert werden und den Körper krank machen. Gefühle sind somit ein entscheidender Schlüssel zum Verständnis und zur Heilung von Gesundheitsstörungen. Man kann also davon ausgehen, dass uns all die ungelösten Gedanken und Gefühle – die ganze Negativität, die wir in uns tragen – krank machen.

In *Moleküle der Gefühle* schreibt Pert an anderer Stelle:

»Die Gesundheit des physischen Körpers hat mit dem Fluss der biochemischen Gefühlsstoffe zu tun.« (S. 471)

Auf den Zusammenhang zwischen nicht gelösten negativen Emotionen und gesundheitlichen Störungen wurde seit Sigmund Freud immer wieder hingewiesen. Aufgrund unserer Arbeit können wir diesen Zusammenhang ebenfalls bestätigen.

Der Körper ist nach Pert unser Unterbewusstsein, in welchem alle positiven, aber auch negativen Ereignisse und die dazugehörigen Gefühle abgespeichert werden.

Aus diesen Gründen ist es so wichtig, negative Gefühle in Bezug auf gegenwärtige, aber auch vergangene Ereignisse aufzulösen, um damit den negativen Einfluss auf den Körper auszuschalten. Deshalb ermuntern wir Sie mit diesem Buch, alle negativen Emotionen durch Beklopfen aufzulösen. Das ist aktive Gesundheitsvorsorge.

Doch zurück zu den »Informationskanälen«. Menschen fühlen sich wohl, wenn die Energie in ihren Meridianen frei fließen kann. Dagegen kommt es zu emotionalen und körperlichen Beschwerden, wenn der Energiefluss blockiert bzw. unterbrochen wird. Dann entstehen Angst, Ärger, Trauer, Kummer und andere negative Gefühle.

In den vergangenen zehn Jahren haben wir immer wieder festgestellt, dass sich negative Gefühle durch das Beklopfen ausgewählter Akupunkturpunkte auf den Meridianen sofort und dauerhaft auflösen lassen. Wenn man sich die Praxis der gängigen Psychotherapie und Medizin anschaut, ist diese praktische Erkenntnis geradezu revolutionär. Denn während man früher jahrelang daran arbeiten musste, Ängste aufzulösen – und das oft mit zweifelhaftem Erfolg –, sind wir mit MET nun in der Lage, dies in kürzester Zeit zu erreichen, mitunter binnen weniger Minuten.

In unserer Praxis (Therapie, Coaching, Seminare, Ausbildung) wenden wir MET nun bereits seit 2001 mit sehr guten Ergebnissen an. *Wie* wirksam MET ist, konnten wir mittlerweile an mehreren Tausend Menschen immer wieder beobachten. Und in der Tat: Alle belastenden Gefühle, unter denen Menschen leiden, lassen sich in kurzer Zeit auflösen und machen einem Empfinden von Ruhe, Gelassenheit und innerem Frieden Platz.

Glaubenssätze und Überzeugungen

Das gilt aber nicht nur für Gefühle, sondern auch für hemmende Glaubenssätze und einschränkende Überzeugungen, die den Menschen vom Unterbewusstsein her steuern. Auch sie lassen sich durch das Beklopfen auflösen und in ihr Gegenteil verkehren. Wie das geht, erläutern wir im Kapitel »Die MET-Klopftechnik«.

Selbst für uns ist es immer wieder erstaunlich, wie schnell sich belastende Gefühle und negative Glaubenssätze auflösen lassen und mit welcher Geschwindigkeit die Menschen zu ihrem natürlichen Selbstwert zurückfinden. Faszinierend ist für uns immer wieder zu erleben, dass sich durch das Beklopfen ausschließlich negative Gefühle und Gedanken/Glaubenssätze auflösen lassen, positive aber verstärkt werden.

Insofern können Sie mithilfe sogenannter Wahlsätze (Beispiel: »Ich wähle, ab sofort glücklich zu sein.« »Ich wähle, ab sofort voller Zuversicht zu sein.«) *positive Gefühle und Überzeugungen* in Ihr Meridiansystem einklopfen. Wie das funktioniert, erfahren Sie ebenfalls im Kapitel »Die MET-Klopftechnik«.

Lassen Sie uns zusammenfassen:
– Die Meridiane sind die Verbindungskanäle zwischen dem Geist und dem Körper.
– Der Energiefluss spiegelt sich in den Gefühlen des Menschen wider.
– Negative Gefühle deuten auf einen blockierten Energiefluss in den Meridianen hin, positive Gefühle auf einen freien Energiefluss.
– Die Gefühle beeinflussen das Körpergeschehen.
– Durch das Beklopfen bestimmter Akupunkturpunkte auf den Meridianen können wir negative Gefühle auflösen und damit den Einfluss auf das Körpergeschehen zum Positiven verändern.

Gedachtes wird Realität

Wenn Sie dieses Buch weiter hinten aufschlagen, werden Sie feststellen, dass wir bei vielen der Situationen, in denen Sie klopfen können, auch blockierende *Glaubenssätze* aufführen. Was es damit auf sich hat?

Nun, unser Denken und Handeln wird zu einem großen Teil von Dingen geprägt, die wir einfach *glauben* und als gegeben hinnehmen. Wir glauben z. B. an Ansteckung. Wir glauben, dass der Mensch unweigerlich irgendwann altersweitsichtig wird. Wir glauben, dass manche Erkrankungen genetisch bedingt oder chronisch oder unheilbar sind. Wir glauben, dass wir bestimmte Fähigkeiten nicht haben. Wir glauben, dass Angst nützlich sei. Usw.

Glaubenssätze und Überzeugungen sind Denkmuster bzw. gedankliche Programmierungen, die fest in uns verankert sind und unbewusst wirken. Haben sie sich einmal etabliert, wird das Unterbewusstsein alles dafür tun, Ihnen das, woran Sie glauben, in Ihrer Realität zu präsentieren.

Wenn Sie z. B. glauben, »Ich muss viel leisten, um geliebt zu werden«, wird genau das Ihre Realität bestimmen. Sie werden sich abstrampeln, machen und tun – immer in der Hoffnung, (endlich) geliebt zu werden. Und wenn Sie glauben, dass Angst für etwas gut sei, so wird die Angst Ihr ständiger Begleiter sein.

Egal, was Sie glauben – im Negativen oder Positiven –, es wird eintreten.

Welche immense Kraft von Glaubenssätzen und Überzeugungen ausgeht, zeigen wissenschaftliche Untersuchungen über Placebos. Dabei konnte nachgewiesen werden, dass Menschen tatsächlich geheilt wurden, weil sie glaubten, operiert worden zu sein oder ein wirksames Medikament eingenommen zu haben, obwohl in Wirklichkeit gar keine Operation stattgefunden hatte, sondern nur ein kleiner oberflächlicher Schnitt durchgeführt worden war, oder bloß Zuckerkügelchen verabreicht wurden. Auch sind Fälle bekannt, in denen Menschen nach einer Krebsdiagnose, die ihnen unter Nennung einer verbleibenden Lebenserwartung von sechs Monaten mitgeteilt wurde, tatsächlich nach einem halben Jahr starben – obwohl nach ihrem Tod Untersuchungen ergaben, dass überhaupt keine Tumorkrankheit vorlag.

Alte blockierende Glaubenssätze als solche zu erkennen ist nicht immer leicht, da sie für den Menschen »Wahrheit« und fester Bestandteil seiner Persönlichkeit geworden sind.

Wenn Sie also z. B. glauben, »Ich habe sowieso immer Pech bei den Frauen/Männern« (weil Sie einmal eine schlechte Erfahrung mit einem Mann/einer Frau gemacht haben), so wird Ihre Realität genau diesem Gedankenmuster entsprechen – und Sie werden tatsächlich kein Glück in der Liebe haben. Dann sagen Sie sich: Hab ich's doch gewusst! und fühlen sich so in Ihrem Glaubenssatz bestärkt, dass Sie wiederum negative Erfahrungen mit Männern/Frauen machen.

Es sollte deutlich geworden sein, welche Kraft von Glaubenssätzen ausgeht und wie Sie damit selbst Ihre Wirklichkeit erschaffen.

Um noch einmal auf das Beispiel von oben zurückzukommen: Wenn Sie es als gegeben hinnehmen bzw. es nicht infrage stellen und somit daran glauben, dass es so etwas wie Ansteckung mit Krankheiten gibt, dann wird dies genau Ihre Realität sein und Sie stecken sich bei anderen an. Wenn Sie es jedoch infrage stellen und nicht daran glauben, dass es Ansteckung gibt, dann wird sich Ihre Realität entsprechend verändern.

Nach gängiger Lehrmeinung gilt es als schwierig bis unmöglich, Glaubenssätze und Überzeugungen zu verändern oder gar aufzulösen. Mit MET haben wir allerdings genau die umgekehrte Erfahrung gemacht: Sollten Sie einen Glaubenssatz für sich als hinderlich und blockierend erkannt haben, so können Sie diesen mit MET schnell und leicht auflösen. Wie das geht, erklären wir im folgenden Kapitel.

Die MET-Klopftechnik

Die Akupunkturlehre kennt 365 Punkte auf den Meridianen, die genadelt werden können. Ausgewählte sechs von ihnen werden auch bei der MET-Klopftherapie verwendet.

Die Technik, die wir in unseren früheren Büchern vorgestellt haben, war noch etwas komplizierter als die, die wir heute einsetzen. Die Erfahrungen der letzten Jahre haben uns aber gelehrt, dass zur Auflösung von negativen Gefühlen die ersten sechs Klopfpunkte und davon insbesondere der sechste, der Schlüsselbeinpunkt, am wirksamsten sind. Deshalb freuen wir uns, Ihnen im Folgenden die vereinfachte und dennoch wirksame Variante unserer MET-Klopftherapie vorstellen zu dürfen, mit der Sie die gewünschten Erfolge womöglich noch schneller erreichen können als bisher.

Wo sich die sechs Klopfpunkte im Einzelnen befinden, sehen Sie in der Skizze auf Seite 25. Der besseren Übersichtlichkeit halber sind die Punkte 1 bis 5 nur auf einer Körperseite eingezeichnet. Es ist jedoch egal, welche Seite Sie beklopfen.

Das Klopfen erfolgt mit Zeige- und/oder Mittelfinger und sollte sich angenehm anfühlen.

Um die Punkte 6 unter dem Schlüsselbeingelenk zu klopfen, spreizen Sie Daumen und Zeigefinger einer

Hand etwa sieben bis acht Zentimeter weit und klopfen dann parallel beide Punkte gleichzeitig. Die Klopfsequenz beträgt etwa zwei bis drei Schläge pro Sekunde. Die Punkte 1 bis 5 beklopfen Sie jeweils etwa 10- bis 20-mal.

Wenn Sie dann bei den Punkten 6 angelangt sind, beklopfen Sie diese so lange, bis sich das belastende Gefühl oder der negative Glaubenssatz aufgelöst hat und/oder sich ein neues Gefühl einstellt. In diesem Fall beginnen Sie wieder bei Punkt 1. Das Beklopfen der Punkte 1 bis 6 nennen wir Klopfrunde.

Dadurch, dass Sie während des Klopfens das negative Gefühl bzw. den Glaubenssatz laut aussprechen, stellen Sie sicher, dass Sie den Fokus auf die energetische Blockade richten. Außerdem wird für Sie dadurch leichter erkennbar, ob das Gefühl tatsächlich noch vorhanden ist bzw. der Glaubenssatz noch Gültigkeit hat.

Wundern Sie sich nicht, wenn Sie nach dem Klopfen viel Durst bekommen. Das ist ganz normal. Denn die negativen Gefühle werden auf der körperlichen Ebene entgiftet und ausgeleitet. Und diesen natürlichen Prozess sollten Sie durch das Trinken von mindestens zwei Litern stillem Wasser pro Tag unbedingt unterstützen.

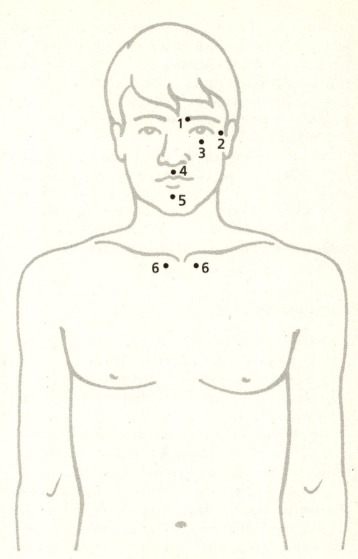

Die sechs Klopfpunkte

Die Kapitel in diesem Buch sind so aufgebaut, dass ein kurzer Text Sie in die jeweilige Gesamtthematik einführt. Die einzelnen Situationen, die Sie beklopfen können, schließen sich daran an. Es folgen mögliche Gefühle zu der Thematik, bei körperlichen Themen auch Körpersymptome, dann Glaubenssätze und mitunter Wahlmöglichkeiten.

Als Erstes beklopfen Sie immer Ihre negativen Gefühle in Bezug auf die belastende Situation, die Sie ausgewählt haben. Anschließend werden eventuell vorhandene negative Überzeugungen klopfend überwunden. Und wenn Sie dann noch Lust haben, können Sie das positive Ergebnis durch Wahlsätze noch verstärken.

Negative Gefühle

Um ein negatives Gefühl mit MET auflösen zu können, müssen Sie es wirklich spüren. Es bringt also nichts, wenn Sie sich die einzelnen Kapitel durchlesen und die Sätze mechanisch klopfen, ohne das betreffende Gefühl tatsächlich zu *haben*.

Der erste Schritt ist also: *das Gefühl fühlen*!

Sie können keinen Ärger von vorgestern oder vom letzten Jahr oder übermorgen auflösen, es sei denn, Sie können ihn jetzt spüren, wenn Sie an die betreffende Situation denken. Der Ärger, die Angst, die Trauer müssen jetzt empfunden werden. In der konkreten Situation. Dann UND NUR DANN können Sie dieses Gefühl auch auflösen.

Nehmen wir an, Ihnen steht eine wichtige Prüfung bevor. Allein bei dem Gedanken daran wird Ihnen schon ganz flau im Magen. Sie schlagen nach unter der Situation 67 *Vor der Prüfung*.

Jetzt lesen Sie sich die auf den Seiten 163/164 aufgeführten Ängste durch und entscheiden, welcher Satz Ihre Angst am besten beschreibt. Dabei können Sie jeden Satz so verändern, dass er sich für Sie vollkommen stimmig und richtig anfühlt.

Angenommen, beim Durchlesen spricht Sie der Satz »Meine Angst, dass ich mich nicht konzentrieren kann« besonders an, weil er Ihr gegenwärtiges Gefühl genau auf den Punkt bringt. Jetzt fangen Sie an zu klopfen und sprechen diesen Satz dabei pro Klopfpunkt einmal aus. Sie werden feststellen, dass dieses spezielle Gefühl beim Klopfen immer geringer wird und sich bei den Punkten 6 (den Schlüsselbeinpunkten) komplett auflöst, je länger Sie dort klopfen.

Nun gilt es, sehr wachsam zu sein. Denn es ist durchaus möglich, dass sich Ihre Angst noch nicht ganz aufgelöst hat, sondern nur ein Aspekt von ihr. Sie fühlen sich eventuell immer noch nicht hundertprozentig wohl bei dem Gedanken an die kommende Prüfung.

Gehen Sie die Liste in diesem Fall noch einmal durch und benennen Sie das, wovor Sie Angst haben, mit größtmöglicher Präzision. Vielleicht ist es jetzt der Klopfsatz »Meine Angst, mich (wieder) zu blamieren«. Diesen beklopfen Sie wiederum so lange, bis auch dieses konkrete Angstgefühl aufgelöst ist.

Eventuell tritt jetzt eine weitere Angstschicht in den

Vordergrund, etwa: »Meine Angst zu versagen«. Auch diese Angst wird wieder beklopft, bis Sie tief durchatmen können (was meistens bei den Schlüsselbeinpunkten der Fall ist). Vielleicht erscheint jetzt die Angst, nicht weiterzuwissen. Dann beklopfen Sie auch diese Angst, bis sie aufgelöst ist. Sie werden sehr schnell merken, wie es funktioniert, und auch spüren, dass sich die Gefühle, die Sie haben, wenn Sie an Ihren Vortrag denken, komplett gewandelt haben. Jetzt empfinden Sie wahrscheinlich Gelassenheit, Zuversicht und Freude.

Sollten sich beim Klopfen Trauer oder Ärger zeigen, so klopfen Sie diese genau wie Ihre Ängste und achten darauf, die Trauer oder den Ärger so exakt wie möglich zu beschreiben (z. B. »Meine Trauer, dass mein Lehrer mich so beschämt hat« oder »Mein Ärger, dass meine Eltern immer so streng mit mir waren«).

Zu den meisten Situationen schlagen wir Ihnen sehr viele Klopfsätze vor. Sollte trotzdem kein für Sie passender dabei sein, bilden Sie bitte selbst einen, der Ihre Empfindung genau trifft. Der Klopfsatz muss immer exakt Ihrem Gefühl entsprechen. Auch können Sie die vorgegebenen Sätze umwandeln, bis sie Ihr Gefühl richtig wiedergeben. Dasselbe machen Sie selbstverständlich auch bei den Glaubenssätzen und Wahlmöglichkeiten.

Glaubenssätze

Was wir eben über die Gefühle gesagt haben, gilt genauso für Glaubenssätze und Überzeugungen.

Situation 67 *Vor der Prüfung*. Sie lesen sich die Glaubenssätze durch und stolpern beispielsweise über »Das packe ich nicht!«. Dieser Satz spricht sie an, das ist genau Ihre Überzeugung. Jetzt fangen Sie wieder an, die Punkte zu beklopfen, und sprechen diesen Satz dabei pro Klopfpunkt einmal aus. Bei den Punkten 6 klopfen Sie so lange, bis der Glaubenssatz für Sie nicht mehr wahr ist und Sie der gegenteiligen Überzeugung sind: »Ja, ich kann das!«

Vielleicht aber taucht jetzt noch so ein kleines Teufelchen der Selbsterniedrigung in Ihrem Bewusstsein auf und flüstert Ihnen zu: »Die anderen sind besser als ich.« Was machen Sie dann?

Genau: Sie klopfen wieder nacheinander die sechs Punkte und sprechen diesen Satz pro Punkt einmal aus, bis er aufgelöst ist. Den größten Effekt haben auch hier die Schlüsselbeinpunkte. So verfahren Sie mit allen weiteren Glaubenssätzen, die sich eventuell melden.

Wahlmöglichkeiten

Schon wenn Sie Ihre negativen Gefühle klopfend aufgelöst haben, werden Sie feststellen, wie gut es Ihnen danach geht. Haben Sie darüber hinaus auch die einschränkenden Überzeugungen, die Sie über sich hegen, aufgelöst, fühlen Sie sich noch besser. Bei den meisten reicht das schon. Sie haben jetzt Ihr Energiesystem so richtig auf Vordermann gebracht. Der Meridianfluss fließt, wie er nur fließen kann. Und das bedeutet: Wohlgefühl!

Wenn Sie dieses noch steigern wollen, können Sie sich der Wahlmöglichkeiten bedienen. Diese untermauern das eh schon positive Klopfergebnis nachhaltig und geben Ihrem Selbstverständnis eine neue, positive Richtung.

Gehen Sie also nach dem Beklopfen Ihrer negativen Gefühle und Glaubenssätze die Liste der Wahlmöglichkeiten durch und arbeiten Sie mit dem Satz oder den Sätzen, die Ihnen am meisten zusagen, z. B.: »Ich wähle, bei meiner Prüfung entspannt und locker zu sein.« Klopfen Sie wieder nacheinander die sechs Punkte, sprechen Sie den Satz einmal pro Punkt aus und spüren Sie nach, ob er schon zu hundert Prozent wahr und stimmig für Sie ist. Sollten noch Zweifel an Ihrer neuen Ausrichtung bestehen, so beklopfen Sie diese wie zuvor die Ängste.

Sollten Sie das Bedürfnis haben, noch einen zweiten oder dritten Wahlsatz zu klopfen, nur zu. Es kann den positiven Effekt nur verstärken. Achten Sie aber bitte darauf, dass Sie sich mit Ihren Wahlsätzen auch wirklich rundum wohlfühlen. Sie können natürlich auch eigene Wahlsätze bilden. Diese müssen immer *positiv* formuliert sein und einen positiven Seinszustand beschreiben.

Zum Beispiel: »Ich wähle, ab sofort gesund zu sein.« (Und nicht etwa: »Ich wähle, nicht mehr krank zu sein.«)

»Ich wähle, ab sofort voller Vertrauen in die Zukunft zu blicken.« (Und nicht »Ich wähle, keine Angst mehr vor der Zukunft zu haben.«)

Noch eine Anmerkung: Sollte das Klopfen bei Ihnen nicht funktionieren, so liegt das nicht daran, dass MET nicht funktioniert. Es hat vielmehr den Grund, dass Sie Ihre Gefühle nicht richtig benannt haben. Vielleicht denken Sie, dass Sie ärgerlich sind. In Wirklichkeit sind Sie aber traurig. In einem solchen Fall müssten Sie also noch einmal genauer »hinfühlen«.

Auch kann es sein, dass sich beim Klopfen ein größeres Thema, womöglich eine traumatische Erfahrung, in den Vordergrund schiebt. In diesem Fall ist die Grenze der Selbstbehandlung eventuell erreicht, und Sie sollten erwägen, sich professionelle Unterstützung zu holen.

Auch möchten wir an dieser Stelle darauf hinweisen, dass MET zwar eine fantastische Selbstbehandlungsmethode ist. Sie kann und darf ärztliche Behandlung und Diagnose jedoch nicht ersetzen, wenngleich sie diese unterstützen und sinnvoll ergänzen kann.

100 Situationen

Akute körperliche Symptome

Wie in den einführenden Bemerkungen bereits erklärt müssen körperliche Symptome in engem Zusammenhang mit nicht gelösten negativen Gefühlen gesehen werden. Insofern fokussieren wir zu Beginn der Klopfarbeit weniger auf das körperliche Symptom als auf die damit verbundenen oder dahinterstehenden Gefühle – in der Regel sind das Ärger, Angst, Trauer, Verzweiflung, Resignation, Hoffnungslosigkeit, Schuld- oder Schamgefühle. Sie tragen zur Entstehung des körperlichen Symptoms bei und erhalten es aufrecht.

Neben negativen Gefühlen stellen aber auch negative Glaubenssätze eine starke Kraft dar, die das Entstehen körperlicher Symptome fördert. Soweit solche Glaubenssätze für Sie Gültigkeit haben, sollten sie unbedingt durch das Klopfen aufgelöst werden. Wir werden die Klopfsätze in diesem Kapitel nach Gefühlen, Glaubenssätzen (soweit vorhanden), körperlichen Symptomen und gegebenenfalls auch Wahlmöglichkeiten unterteilen.

Situation 1
Allergien

Immer mehr Menschen, vor allem auch Kinder, entwickeln Allergien, also Abwehrreaktionen auf körperfremde Stoffe: bestimmte Nahrungsmittel, Tierhaare, Pollen, Gras, Metalle, Hausstaub und vieles mehr. Die meisten dieser Dinge sind vollkommen harmlos und lösen bei anderen keinerlei Reaktion aus.

Egal, worauf ein Mensch allergisch reagiert, seine Lebensqualität wird davon zunehmend eingeschränkt. Wobei das Kuriose ist, dass Betroffene oft gerade eine Allergie gegen Dinge entwickeln, die sie eigentlich mögen. Dies fällt besonders bei Tierhaar- oder Nahrungsmittelallergien bzw. -unverträglichkeiten auf. Auch wer Hunde, Katzen oder Pferde über alles liebt, wer bestimmte Nahrungsmittel wie Erdbeeren, Äpfel, Zitrusfrüchte, Milchprodukte etc. gern essen würde, sogar ein richtiges Verlangen danach hat, kann eine Allergie dagegen entwickeln. Und so bleibt dem Betroffenen nichts anderes übrig, als den Kontakt mit dem Allergen zu vermeiden. Wer gegen bestimmte Tierhaare allergisch ist, wird dem Kontakt zu diesem Tier aus dem Weg gehen. Essgewohnheiten müssen teilweise drastisch umgestellt bzw. eingeschränkt werden. Bei einer Hausstauballergie muss das Haus peinlich sauber gehalten werden, das Bettzeug antiallergen sein. Mit der Zeit bestimmen die Allergie und entsprechende Vermeidungsstrategien das Leben immer mehr.

Nicht nur die Teilnehmer unserer Seminare, sondern auch wir haben schon so ziemlich jede Allergie erfolgreich beklopft. Wichtig ist dabei, dass Sie die mit der Allergie verbundenen Gefühle und Glaubenssätze sowie die jeweiligen Körpersymptome beklopfen.

Mögliche Klopfsätze

Gefühle
- »Meine Trauer/mein Ärger, weil ich diese Allergie habe.«
- »Meine Trauer/mein Ärger, weil ich nicht mehr alles essen kann.«
- »Meine Trauer/mein Ärger, weil ich keine Katze haben kann.«
- »Meine Trauer/mein Ärger, weil ich keinen Hund mehr streicheln kann.«
- »Meine Trauer/mein Ärger, weil ich nicht mehr reiten kann.«
- »Meine Trauer/mein Ärger, dass mein Leben so eingeschränkt ist.«
- »Meine Trauer/mein Ärger auf meinen Körper, weil er so reagiert.«
- »Meine Trauer/mein Ärger auf mich, weil ich so (empfindlich) reagiere.«
- »Meine Angst, mit dem Allergen in Kontakt zu kommen.«
- »Meine Angst, dass es nicht weggeht.«
- »Meine Angst, dass es schlimmer wird.«
- »Meine Angst, dass meine Lebensqualität immer mehr eingeschränkt wird.«

- »Meine Scham, dass ich so schwach bin.«
- »Meine Resignation, dass sich das nie ändern wird.«
- »Ich habe die Hoffnung aufgegeben, dass ich je wieder gesund werde.«
- »Damit habe ich mich abgefunden.«

Glaubenssätze
- »Da kann man eh nichts machen.«
- »Das hatte mein Vater/meine Mutter auch schon.«
- »Das liegt bei uns in der Familie/habe ich geerbt.«
- »Damit muss ich halt leben.«
- »Allergien gehören nun mal dazu.«

Körperliche Symptome
- »Dieses (widerliche, nervige) Brennen.«
- »Dieses (ätzende) Jucken.«
- »Diese (nervige) laufende Nase.«
- »Diese tränenden Augen.«

In Rahmen unserer Klopfarbeit haben wir immer wieder beobachten können, dass einer Allergie ein unangenehmes Ereignis oder Erlebnis aus der Vergangenheit zugrunde lag. Deshalb ist es wichtig, dass Sie sich fragen, seit wann Sie Ihre Allergie haben. Wir erinnern uns an eine Seminarteilnehmerin, die seit fünfzehn Jahren unter diversen Lebensmittelunverträglichkeiten litt, die etwa ein Jahr nach dem Tod ihrer Katze begonnen hatten. Eine andere Seminarteilnehmerin, die eine ausgeprägte Allergie gegen Äpfel und Möhren hatte, war als Kind immer gezwungen worden, Rohkost zu essen. Ge-

MET-Klopftherapie – Der Survival-Guide für den Alltag

Unglaublich – aber es funktioniert! Ängste, Allergien, innere Blockaden und körperliche Beschwerden können im Handumdrehen behoben werden – durch einfaches Beklopfen der Meridianpunkte des Körpers.

Seit der Diplom-Psychologe Rainer Franke vor Millionenpublikum im Fernsehen demonstriert hat, wie durch MET (Meridian-Energie-Techniken) negative Emotionen aufgelöst werden können, nehmen immer mehr Menschen ihre Therapie buchstäblich in die eigenen Hände. MET ist die beliebteste Klopftherapie schlechthin. Das neue Buch der berühmten Klopftherapeuten Rainer und R... ke bietet schn...
sche ...

RAINER & REGINA FRANKE

In denen Sie klopfen sollten

Die Stürme des Alltags meistern mit MET-Klopftherapie

...enen Rat und prakti... ...Regina Fran... ...ilfe in so gut wie jeder Lebenssituation: Über 100 Situationen, geordnet nach zehn Problemgebieten und mit alphabetischem Index zur leichten Bestimmung der richtigen Anwendung werden hier erfasst.

Ein Buch, das den Herausforderungen des modernen Alltags gerecht wird und dauerhaft für mehr Lebensqualität sorgt.

▶ 100 Situationen, in denen Sie klopfen sollten, Die Stürme des Alltags meistern mit MET-Klopftherapie, 240 Seiten, 12 Euro, Verlag: Integral.

Darauf weist Prof. Mi... Berufsverband Deu... (BDI) hin. Vergrö... be engt dabei... führt zu der... sie nicht h... Harnwe... den ur... dens...

...rufolge unter anderem pflanzliche ...arate aus Sägezahnpalmenfrüch... ...ssen. Vorbeugend empfiehlt ... ...de Lebensweise mit aus... ...rung, frischer Luft ...enn Sport trage... ...bodenmus... ...einer...

hen Sie in sich, und wenn Sie auf ein derartiges Ereignis oder Erlebnis stoßen, beklopfen Sie die damit verbundenen Gefühle, bis sie wirklich gelöst sind.

Mögliche Klopfsätze

- »Meine Trauer/mein Ärger, dass ich immer essen musste, was ich nicht mochte.«
- »Meine Trauer/mein Ärger, dass ich immer aufessen musste.«
- »Meine Trauer/mein Ärger, dass damals meine Katze/mein Hund starb.«
- »Meine Trauer/mein Ärger, dass ich nichts tun konnte, um meinem Tier zu helfen.«
- »Mein Ärger auf …, dass er/sie das gemacht hat.«
- »Mein Schuldgefühl, dass ich damals so gehandelt habe.«
- »Mein Schuldgefühl, dass ich den Tod meiner Katze/meines Hundes etc. nicht verhindern konnte.«

Klopfen Sie die passenden Sätze in allen Fällen so lange, bis das Gefühl gelöst ist und Sie sich besser fühlen. Treten Sie nach dem Klopfen aber bitte zunächst ganz vorsichtig wieder in Kontakt mit dem Allergen und auch erst, wenn Sie ein gutes Gefühl und ein Verlangen danach haben. Sollten dabei wieder Ängste auftreten, werden diese im Annäherungsversuch ebenfalls beklopft.

Situation 2
Erkältungen

Eine Erkältung kündigt sich an. Sie haben ein leichtes Kribbeln im Hals und/oder in der Nase, Kopfschmerzen stellen sich ein, vielleicht fühlen Sie sich auch etwas matt. Das ist alles noch nicht weiter schlimm, aber es reicht, um Ihre Aufmerksamkeit zu erregen. Jetzt ist der richtige Zeitpunkt, durch Klopfen dem weiteren Verlauf der Erkältung Einhalt zu gebieten.

Als Erstes vergewissern Sie sich bitte, ob Sie auch wirklich gesund werden möchten, oder ob Sie nicht doch ganz tief in Ihrem Inneren ein klitzekleines Verlangen danach haben, mal wieder krank zu sein, zu leiden, im Bett zu liegen und gepflegt zu werden. Dies könnte Ihrer Gesundung durchaus im Weg stehen. Sollten Sie also derartige Regungen verspüren, klopfen Sie die folgenden Sätze (sofern sie auf Sie zutreffen), oder finden Sie Ihre eigenen Formulierungen.

Mögliche Klopfsätze

- »Ich möchte mal wieder so eine richtig schöne Erkältung haben.« (Der zumeist unbewusste Hintergedanke dabei: Dann werde ich gepflegt, bedauert, getröstet, stehe im Mittelpunkt.)
- »Ich will mal wieder so richtig husten!« (Irgendjemandem etwas husten?)

Klopfen Sie diese oder ähnliche Sätze, die Ihrem Denken entsprechen, bis der Satz an Bedeutung verloren hat.

Danach können Sie anfangen, die nahende Erkältung zu beklopfen.

Mögliche Klopfsätze

Gefühle
- »Meine Angst, (schon wieder) eine Erkältung zu kriegen.«
- »Meine Angst, dann nicht arbeiten zu können.« (Gilt besonders für Selbstständige.)
- »Meine Angst, dass die Symptome schlimmer werden.«
- »Meine Angst, dass mein Chef auf mich sauer ist.«
- »Meine Angst, dass ich entlassen werde, wenn ich (schon wieder) krank bin.«
- »Mein Ärger auf mich, dass ich nicht besser auf mich aufgepasst habe.«
- »Mein Ärger auf mich, dass ich so empfindlich auf Zugluft/nasse Füsse/Kälte reagiere.«
- »Mein Schuldgefühl, weil ich nicht besser auf mich aufgepasst habe.«
- »Meine Schuldgefühle meinen Kollegen/dem Team gegenüber, dass ich krank bin.«

Glaubenssätze
- »Ich bin so empfindlich gegen Zugluft.«
- »Ich bin so empfindlich gegen Nässe.«

- »Ich bin so empfindlich gegen kalten Wind.«
- »Meine Überzeugung, dass ich durch Nässe/Zugluft/ kalten Wind eine Erkältung bekomme/krank werde.«
- »Meine Angst/mein Glaube/meine Überzeugung, dass ich durch Nässe/Zugluft/kalten Wind krank werde/Kopfschmerzen/eine Erkältung bekomme.«
- »Ich werde durch Nässe/Zugluft/kalten Wind immer krank! Da kann man nichts machen.«

Körperliche Symptome
- »Mein kratzender Hals.«
- »Meine juckende Nase.«
- »Mein Kopfweh.«
- »Ich bin so matt, müde, schwach.«

Wir haben es immer wieder selbst erfahren und auch von vielen Seminarteilnehmern bestätigt bekommen: Wenn wir rechtzeitig anfangen zu klopfen, kommt die Erkältung nicht zum Ausbruch. Eine Seminarteilnehmerin berichtete, dass bei ihrem Mann einmal eine Erkältung im Anmarsch war. Er ließ sich bereitwillig beklopfen, und zwar ganz ohne Sätze. Einfach nur beklopfen! Nach einer Viertelstunde fiel er in einen heilsamen Tiefschlaf und wachte am nächsten Morgen putzmunter auf.

Sollte die Erkältung schon ausgebrochen sein, können Sie die Punkte einfach nacheinander etwa zehn bis fünfzehn Minuten lang beklopfen, ohne Klopfsatz. Oder Sie beklopfen die Symptome und die damit verbundenen Gefühle:

Gefühle
- »Mein Ärger, dass ich nicht richtig durchatmen kann.«
- »Meine Angst zu ersticken, weil ich nicht genug Luft bekomme.«
- »Meine Verzweiflung, weil ich schon wieder krank bin.«
- »Meine Angst, dass es noch viel schlimmer wird.«

Körperliche Symptome
- »Dieser fürchterliche/ätzende/nervende/ermüdende Husten.«
- »Dieser nervige Schnupfen.«
- »Meine verstopfte Nase.«
- »Meine Kopfschmerzen.«
- »Ich fühle mich so elend.«

Klopfen Sie die passenden Sätze in allen Fällen so lange, bis die Symptome nachlassen und Sie sich besser fühlen.

Situation 3
Kopfschmerzen

Kopfschmerzen gehören bei uns heutigen stressgeplagten Wesen schon beinahe zum Alltag. Sie sind häufig Ausdruck von einem Zuviel: zu viel emotionaler Druck, Überarbeitung, Überforderung. Oft würde es schon reichen, sich ein wenig Ruhe zu gönnen, sich hinzulegen und zu schlafen. Aber das ist ja nicht immer gleich möglich. Bevor Sie zur Tablette greifen, probieren Sie es doch mal mit dem Klopfen.

Mögliche Klopfsätze

Gefühle

- »Meine Kopfschmerzen machen mich rasend!«
- »Mein Ärger/meine Wut auf meine Kopfschmerzen.«
- »Mein Frust, dass ich schon wieder Kopfweh habe.«
- »Meine Angst, dass die Kopfschmerzen schlimmer werden.«
- »Meine Angst, dass sich daraus eine Migräne entwickelt.«
- »Mein Resignation, dass ich damit leben muss.«
- »Ich halte das nicht aus!«
- »Meine Trauer, dass ich schon wieder solche Schmerzen habe.«

Körperliche Symptome

- »Meine Kopfschmerzen.«
- »Meine blöden Kopfschmerzen.«
- »Meine stechenden/drückenden/reißenden Kopfschmerzen.«
- »Das tut so weh!«

Klopfen Sie die passenden Sätze in allen Fällen so lange, bis die Symptome nachlassen und Sie sich besser fühlen.

Sollten Ihre Kopfschmerzen chronisch sein, klären Sie bitte mit einem Arzt ab, ob sie eventuell organisch bedingt sind. Manchmal sind auch defekte Zähne die Ursache für Kopfschmerzen. Das lassen Sie bitte von Ihrem Zahnarzt abklären.

Situation 4
Verdorbener Magen, Übelkeit

Etwas Falsches gegessen, zu viel gegessen oder getrunken, und der Magen reagiert mit Übelkeit. Da bei derartigen Beschwerden Körpersymptom und Gefühl eng miteinander verknüpft sind, reicht es in vielen Fällen, die körperlichen Symptome zu beklopfen. Die Sätze richten sich ganz nach Ihrem Zustand und werden in dem Ton ausgesprochen, der Ihrer Befindlichkeit entspricht. Wenn Ihnen nach Jammern ist, hat die Stimme eine »jämmerliche« Färbung. Wenn Sie Ekel empfinden, drückt sich das ebenfalls in Ihrer Stimme aus, manchmal auch nur in einem Stöhnen oder anderen Lauten.

Mögliche Klopfsätze

- »Meine Übelkeit.«
- »Mir ist zum Kotzen.«
- »Ich könnte kotzen.«

- »Ich fühle mich so elend.«
- »Mir ist so eklig.«
- »Meine Angst zu sterben.«

Klopfen Sie die passenden Sätze in allen Fällen so lange, bis die Symptome nachlassen und Sie sich besser fühlen.

Sollte die Übelkeit zu stark sein, wird Ihr Magen versuchen, sich zu entleeren. Auch wenn Sie darauf keine Lust haben, sollten Sie diese Regung unterstützen. Denn sie ist einer der wunderbaren Selbsthilfemechanismen unseres Körpers. Dabei sollten Sie sich jedoch unbedingt beklopfen. Die Punkte 6 (Schlüsselbeinpunkte) reichen aus.

Sollten Sie *Ekel* davor haben, sich zu übergeben, klopfen Sie:
- »Mein Ekel, mich zu übergeben.«
- »Das ist so eklig/widerlich.«

Oder einfach:
- »Igitt, igitt, igittigittigitt!«

Auf diese Weise erleichtern Sie es Ihrem Magen, Unverträgliches wieder loszuwerden.

Bei Lebensmittelvergiftungen oder wenn Ihre Magenbeschwerden eine ernstere Ursache haben, sollten Sie auf jeden Fall ärztliche Unterstützung in Anspruch zu nehmen.

Situation 5
Zu viel gegessen

Wenn Sie zu viel gegessen haben, können Sie auch das klopfend regulieren.

Mögliche Klopfsätze

- »Ich habe mich überfressen.«
- »Mein Ärger, dass ich mich überfressen habe.«
- »Mein Ärger, dass ich wieder so gierig war.«
- »Mein Ekel, dass ich mich überfressen habe.«
- »Mein Ekel, wenn ich an Essen denke.«
- »Mein Schuldgefühl, weil ich zu viel gegessen habe.«
- »Mein Völlegefühl.«

Klopfen Sie die für Sie geeigneten Sätze so lange, bis sich eine Besserung einstellt.

Situation 6
Katergefühl

Wenn Sie einmal ein Gläschen Wein zu viel getrunken und am nächsten Tag ein Katergefühl haben, können Sie es natürlich mit den bewährten Hausmitteln wie Rollmops und saure Gurken probieren. Aber Sie können Ihren Kater sowie die damit verbundenen Symptome und Gefühle dazu auch klopfen.

Mögliche Klopfsätze

- »Mein (Scheiß-)Kater.«
- »Mir ist so elend/schlecht.«
- »Ich fühle mich wie durch den Wolf gedreht.«
- »Mein Ärger auf mich, dass ich gestern zu viel getrunken habe.«
- »Mein Ärger auf mich, dass ich so schwach war.«
- »Mein Ärger auf mich, dass ich nicht nein sagen kann.«
- »Meine Scham/mein Schuldgefühl, dass ich einen über den Durst getrunken habe.«

Klopfen Sie die passenden Sätze in allen Fällen so lange, bis die Symptome nachlassen und Sie sich besser fühlen.

Situation 7
Schluckauf

Sie haben entweder zu heiße oder zu kalte Speisen bzw. Getränke zu sich genommen oder zu viel gegessen. Vielleicht haben Sie aber auch zu schnell gegessen und getrunken. Andere Auslöser können Rauchen oder starke Nervosität sein. Das Ergebnis: ein Schluckauf. Das Zwerchfell und die Atemhilfsmuskulatur ziehen sich zusammen, die Rippen weiten sich, die eingesogene Atemluft prallt mit einem lauten Hicks auf die geschlossene Stimmritze, und zwar immer wieder. Als Hausmittel wird empfohlen, die Luft anzuhalten und in dem Moment zu schlucken, wenn der Hickser naht; daran zu denken, was man vorgestern gegessen hat, und vieles mehr. Wenn's hilft, ist es ja gut. Aber Sie können auch klopfen.

Mögliche Klopfsätze

- »Mein (Scheiß-)Schluckauf.«
- »Blöder Schluckauf.«
- »Das nervt!«
- »Immer krieg ich das!«

Bei Schluckauf genügt es oft auch, sich zu beklopfen, ohne dabei zu sprechen.

Situation 8
Sonnenbrand

Wenn nach einem langen Winter die ersten Sonnenstrahlen locken, ist die Lust auf ein Sonnenbad oft so groß, dass man darüber die Zeit vergisst. Ehe man sich's versieht, hat man einen Sonnenbrand. Die Gefahr ist natürlich größer, wenn man nach langer Abstinenz in den Süden fährt und seinen Sonnenhunger sozusagen untrainiert stillt. Doch egal, wie und wo: Die Symptome sind immer unangenehm. Die Haut rötet sich, von leicht rosé bis krebsrot, je nach Hauttyp. Es brennt, und man meint zu glühen.

Mögliche Klopfsätze

Gefühle

- »Mein Ärger auf mich, dass ich so lange in der Sonne war.«
- »Mein Ärger auf meine Haut, dass sie so empfindlich ist.«
- »Du Idiot! Hättest du nicht besser aufpassen können?«
- »Mein Schuldgefühl, weil ich so unachtsam war.«

Körperliche Symptome

- »Oh, wie das brennt!«
- »Dieses furchtbare Brennen!«
- »Aua, das tut so weh.«
- »Ich glühe!«

Finden Sie heraus, welche Sätze auf Sie zutreffen, oder lassen Sie sich eigene Sätze einfallen, die Ihrer aktuellen Befindlichkeit entsprechen, und klopfen Sie, bis die Symptome nachlassen und Sie sich besser fühlen.

Situation 9
Verschluckt

War es die Gier? Waren Sie nicht ganz bei der Sache? Wollten Sie gleichzeitig essen und sprechen? Egal. Wenn Sie etwas in den falschen Hals bekommen haben, ist das alles andere als angenehm. Sie husten, würgen, bekommen keine Luft mehr und haben vielleicht sogar das

Gefühl, ersticken zu müssen. Kräftig auf den Rücken klopfen und durch die Nase atmen hat schon manch einem geholfen. Sie können sich aber auch (gegebenenfalls parallel dazu) selbst beklopfen, und zwar ohne Worte. Einfach nur die Punkte 6 (Schlüsselbeinpunkte) fortwährend beklopfen, bis die Symptomatik nachlässt und Sie wieder normal atmen können. Sie müssen in diesem Fall nicht sprechen, weil Sie die Sätze ohnehin im Kopf haben. Zum Beispiel:

- »Oh Gott, ich ersticke!«
- »Meine Angst zu ersticken.«
- »Hilfe, ich kriege keine Luft mehr!«
- »Meine Angst zu sterben.«

Sobald Sie sich wieder einigermaßen sortiert haben, können Sie sich Ihren eventuellen Gefühlen zuwenden.

Mögliche Klopfsätze

- »Mein Ärger auf mich, dass ich mich (schon wieder) verschluckt habe.«
- »Mein Ärger auf mich, dass ich mich andauernd verschlucke.«
- »Mein Ärger auf mich, dass ich immer so hastig esse.«
- »Mein Ärger auf mich, dass ich immer gleichzeitig essen und sprechen will.«

- »Meine Angst, dass mir das wieder passiert.«
- »Meine Scham, dass ich mich immer verschlucke.«

Klopfen Sie die passenden Sätze in allen Fällen so lange, bis die Symptome nachlassen und Sie sich besser fühlen.

Situation 10
Verstauchungen, Verrenkungen, Prellungen

Wie schnell ist es passiert. Sie wollen nur mal fix dies oder das erledigen, in aller Eile hierhin oder dorthin – und schon haben Sie sich irgendwo gestoßen, sind gestolpert, haben sich den Fuß verknackst oder verrenkt. Es kann auch passieren, dass Sie einfach beim Gehen umknicken oder die letzte Treppenstufe nicht sehen und einen Schritt ins Leere tun. Die Folgen: bestialische Schmerzen. Mitunter ist man einer Ohnmacht nahe. Soweit dies nicht der Fall ist, können Sie mit dem Klopfen eine schnelle Linderung der Symptome erreichen. Zu Beginn des Klopfens werden Sie wahrscheinlich keine wohlgeformten Sätze bilden können, weil die Schmerzen zu stark sind. Vielleicht können Sie sogar nur stöhnen. Beklopfen Sie zunächst Ihre Schmerzen, und zwar jeden Satz, der auf Sie zutrifft, und so lange, bis der Schmerz nachlässt.

Mögliche Klopfsätze

- »Aua, aua, tut das weh!«
- »Ich habe solche Schmerzen.«
- »Ich werde gleich ohnmächtig.«
- »Ich halte das nicht aus.«

Danach, eventuell abwechselnd mit den Schmerzen, klopfen Sie Ihre *Gefühle*:

- »So eine Scheiße, dass mir das passiert ist!«
- »Mein Ärger/meine Wut auf mich.«
- »Meine Scheißwut auf mich, dass ich nicht aufgepasst habe.«
- »Wenn ich doch nur besser aufgepasst hätte!«
- »So ein Mist, jetzt kann ich keinen Sport mehr machen.«
- »Schöne Scheiße, jetzt bekomme ich einen Gips/ Verband und kann nur mit Krücken laufen.«
- »Mein Ärger/meine Trauer, dass ich jetzt für längere Zeit außer Gefecht gesetzt bin.«
- »Meine Trauer, dass ich solche Schmerzen habe.«
- »Meine Trauer, dass ich mir solches Leid zugefügt habe.«
- »Wieso muss ausgerechnet mir immer so etwas passieren?«
- »Ich tu mir so leid, weil ich hingefallen bin.«

Klopfen Sie in die passenden Sätze in allen Fällen so lange, bis die Symptome nachlassen und Sie sich besser fühlen.

Bei leichteren Verletzungen kann es sehr schnell zu einer Besserung kommen. Bei schweren Verrenkungen in Verbindung mit Prellungen und Verstauchungen müssen Sie über einen längeren Zeitraum hinweg klopfen, und zwar täglich. Natürlich muss der verletzte Körperteil ruhiggestellt und gekühlt werden. Gehen Sie bei schweren Verletzungen auf jeden Fall zum Arzt oder ins Krankenhaus, um sicherzustellen, dass nichts gebrochen ist, und um sich einen professionellen Verband anlegen zu lassen.

Situation 11
Wetterfühligkeit

Bestimmte Wetterlagen schlagen so manchem gehörig aufs Gemüt. Der eine bekommt Depressionen, wenn es regnet. Bei einem anderen sorgen dunkle Wolkenberge für eine gefühlsmäßige Schieflage. Schwüle, zu hohe Luftfeuchtigkeit oder übermäßige Hitze führen bei den meisten Menschen zu Kreislaufproblemen und zu Müdigkeit. Man fühlt sich dieser Problematik hilflos ausgeliefert. Ein Ausweg könnte das Klopfen sein. Probieren Sie es doch einfach im Vorwege, sozusagen vorbeugend, oder in der akuten Situation einmal aus.

Mögliche Klopfsätze

Gefühle

- »Mein Ärger/Frust/meine Trauer, dass ich so empfindlich auf Wetterschwankungen reagiere.«
- »Meine Angst vor einem Hitzschlag.«
- »Meine Angst vor einem Kreislaufkollaps.«
- »Ich hasse Gewitter/Bewölkung/diese Affenhitze/ wenn es so schwül ist etc.«
- »Ich hasse dieses Regenwetter/Gewitter etc.«

Glaubenssätze

- »Ich bin so empfindlich gegen Wetterschwankungen.«
- »Diese Wetterfühligkeit habe ich von meinem Vater/Großvater/meiner Mutter/Großmutter etc.«
- »Dem bin ich hilflos ausgeliefert.«
- »Da kann man nichts machen.«
- »Ein nahendes Gewitter bringt mich völlig aus dem Konzept!«
- »Schwüles Wetter macht mich fertig!«
- »Ich kann Gewitter/Regen/so viele Wolken etc. nicht ausstehen!«
- »Ich bin immer so deprimiert, wenn es regnet.«

Körperliche Symptome

- »Meine Müdigkeit.«
- »Mein Kreislauf ist im Keller.«
- »Ich bin fix und fertig.«
- »Mir fallen die Augen zu, so müde bin ich.«

Situation 12
Angst vor Gewitter

Wenn wir schon beim Wetter sind, dann kommen wir doch gleich zu einem nicht unwichtigen Angstthema: der Angst vor Gewitter. Diese können Sie selbstverständlich ebenfalls auflösen.

Mögliche Klopfsätze

- »Meine Angst vor Gewitter.«
- »Meine Angst vor Blitzen.«
- »Meine Angst vor der Gewalt der Blitze.«
- »Meine Angst vor diesem lauten Gedonnere.«
- »Meine Angst, dass es einschlägt.«
- »Meine Angst, dass ich vom Blitz getroffen werde und sterbe.«
- »Meine Panik bei Gewitter.«
- »Meine Angst, dass die Welt untergeht.«

Achten Sie auf eigene Sätze, die Ihnen während des Klopfens bewusst werden, und beklopfen Sie diese ebenfalls, bis Sie bei dem Gedanken an ein Gewitter entspannt und zuversichtlich sind. Sobald dann tatsächlich ein Unwetter ausbricht und sich bei Ihnen wieder ein Gefühl der Angst einstellt, beklopfen Sie sich.

Situation 13
Zahnschmerzen

Sie haben bohrende, nagende, drückende oder sonst wie geartete Zahnschmerzen. Ein maroder Zahn oder eine entzündete Wurzel sind die Ursache. Leider ist Wochenende, und Sie können Ihren Zahnarzt nicht erreichen. Eine Schmerztablette haben Sie genommen, sie wirkt aber nicht so richtig. Zum zahnärztlichen Notdienst wollen Sie nicht, da Sie prinzipiell nur zu Ihrem Zahnarzt gehen. Schon häufig haben uns Seminarteilnehmer berichtet, dass sie sich in einer solchen Situation erfolgreich beklopft haben, dass die Schmerzen daraufhin weggingen und manchmal sogar die Entzündung. Probieren Sie aus, ob es nicht auch bei Ihnen funktioniert.

Mögliche Klopfsätze

- »Meine Sch…zahnschmerzen.«
- »Meine unerträglichen Zahnschmerzen.«
- »Meine Angst, dass es schlimmer wird.«
- »Ich werde noch verrückt vor Schmerzen.«

Beklopfen Sie die für Sie richtigen Sätze (es können wie immer gern auch ihre eigenen sein) so lange, bis Sie das gewünschte Ergebnis bemerken. Gehen Sie aber bitte trotzdem alsbald zum Zahnarzt, damit er die gegebenenfalls notwendige Behandlung vornehmen kann.

Ärger

In den einzelnen Kapiteln kommt immer wieder Ärger vor. Dennoch haben wir zwei Situationen herausgesucht, die richtige Ärgerklassiker sind: die Situation im Straßenverkehr und die lieben Nachbarn.

Situation 14
Zum Beispiel: Straßenverkehr

Ob für Fußgänger, Radfahrer, Motorrad- oder Autofahrer: Der Straßenverkehr bietet viele, viele Situationen, in denen man sich herrlich ärgern kann. Die Verwandlung des zahmen Menschen zum wutschnaubenden Autofahrer wurde schon wunderschön dargestellt in dem Disneyfilm *Motor Mania*. Darin ist Goofy einmal Mr. Walker, der als Fußgänger die Höflichkeit in Person ist und unter den rüden Autofahrern zu leiden hat. Sobald sich Goofy aber hinter das Steuer eines Autos setzt, wird er zum Verkehrsrowdy Mr. Wheeler, der mit für die Probleme verantwortlich ist, die Mr. Walker hat. Egal, ob Sie Mr. Wheeler sind oder sich von Mr. Wheeler belästigt fühlen: Mithilfe von MET können Sie Ihren Ärger in Verständnis und Rücksicht verwandeln.

Mögliche Klopfsätze

- »Mein Ärger auf diesen Idioten, weil er
... mir die Vorfahrt genommen hat.«
... mich geschnitten hat.«
... so drängelt/so dicht auffährt/so gefährlich fährt.«
... den Straßenverkehr gefährdet.«
... mich einfach überholt hat.«
... über die rote Ampel gefahren ist.«
... mir den Parkplatz weggenommen hat.«
... so ein Hirni ist.«
... keine Ahnung vom Autofahren hat.«
... so langsam fährt.«
... ein Verkehrshindernis darstellt.«

Situation 15
Zum Beispiel: die lieben Nachbarn

»Es kann der frömmste Mensch nicht in Frieden leben, wenn es dem bösen Nachbarn nicht gefällt« oder »Die wahre Kunst der Voraussicht liegt in der Wahl der Nachbarn, nicht der Häuser« – solche Sätze sprechen eine deutliche Sprache, denn Anlass zum Streit bieten die nachbarschaftlichen Verhältnisse häufig. Sei es, dass Büsche oder Äste über die Grundstücksgrenze wachsen, dass Bäume ihr Laub auf das Nebengrundstück fallen lassen, dass der Nachbar laut Musik hört, unüberhörbar nachtaktiv ist oder einem anderweitig das Leben zur Hölle macht. Es gibt unendlich viele Beispiele. Natürlich können Sie auf die Einhaltung der Hausordnung und der Gesetze pochen. Nebenbei aber besteht auch die Möglichkeit, aufkommenden Ärger einfach aufzulösen, weil Sie sich danach wohler fühlen und manchmal sogar der Nachbar sein nerviges Verhalten einstellt, sobald man sich beklopft hat, wie wir aus vielen Berichten von Teilnehmern unserer Seminare wissen.

Mögliche Klopfsätze

- »Mein Ärger auf den/die Nachbarn, weil
… er immer so laut Musik hört.«
… er nachts immer so laut ist und ich nicht schlafen kann.«
… er so ungezogene Gören hat.«
… seine Kinder beim Spielen im Garten immer lachen und laut sind.«
… er seinen Garten nicht so pflegt wie ich meinen.«
… er den Rasen so wachsen lässt.«
… sein Obst immer in meinen Garten fällt.«
… der Baum von ihm seine Blätter auf meine Garagenauffahrt fallen lässt.«
… seine Hecke/sein Busch/Baum über den Zaun wächst.«
… seine Hecke/sein Busch/Baum meinen Zaun kaputt macht.«
… ich diesen unfreundlichen Kerl einfach nicht ausstehen kann!«
… er nie grüßt.«
… er mich immer so blöd anglotzt.«

... sie immer so blödes Zeug daherreden.«
... die schon wieder ein neues Auto haben.«
... die immer so angeben.«
... die so schlecht über mich/uns reden.«

Die entspannte Haltung, in der Sie sich jetzt befinden, können Sie mit MET weiter verstärken.

Wahlmöglichkeiten
- »Ich wähle, ab sofort in Frieden mit meinem Nachbarn/meinen Nachbarn zu leben.«
- »Ich wähle, ab sofort die Grenze zu wahren.«

Berufswelt

Der Arbeitsalltag nimmt einen großen Teil des Tages in Anspruch. Zudem haben wir in kaum einem anderen Bereich so viel mit anderen Menschen zu tun wie hier. Und der Kontakt mit anderen Menschen bietet jede Menge emotionalen Zündstoff. Daneben sind die Anforderungen des beruflichen Alltags manchmal mehr, als wir verkraften können. Überlastung führt jedoch zu Stresserscheinungen und im weiteren Verlauf zu Burn-out. Wir haben verschiedene Themengebiete zusammengestellt und zeigen Ihnen, was Sie jeweils klopfen können.

Situation **16**
Burn-out

Der Name sagt es: Sie sind ausgebrannt. Sie haben sich verausgabt. Sie sind über Ihre Grenzen gegangen. Und das hat seinen Preis. Vielleicht leiden Sie unter Schlafstörungen, fühlen sich wie gerädert, haben chronische Kopf- und Nackenschmerzen, fühlen sich für Gott und die Welt verantwortlich und kommen nie zur Ruhe. Ursächlich für das Ausbrechen eines Burn-outs sind unserer Erfahrung nach Ängste: etwa die Angst davor, das Pensum nicht zu schaffen. Die Angst, nein zu sagen. Die Angst zu versagen. Die Angst, Fehler zu machen. Und so weiter, und so fort.

Neben ärztlicher oder therapeutischer Hilfe, die Sie gegebenenfalls in Anspruch nehmen, können Sie mit MET *vorsorglich* Ihre Batterien wieder aufladen, etwa dadurch, dass Sie Ihre Ängste auflösen.

Mögliche Klopfsätze

- »Meine Angst, nein zu sagen.«
- »Meine Angst, die Arbeit nicht zu schaffen.«
- »Meine Angst, den Anforderungen nicht gerecht zu werden.«
- »Meine Angst vor der großen Verantwortung, die ich tragen muss.«
- »Ich muss alles alleine schaffen.«
- »Dieser riesige Druck der Verantwortung.«
- »Ich bin so gerädert.«
- »Alles ist sinnlos.«
- »Mein Zweifel an mir und meinen Leistungen.«
- »Ich genüge einfach nicht.«
- »Ich muss immer mehr leisten als die anderen.«
- »Ich bin/fühle mich für alles verantwortlich.«
- »Meine innere Unruhe.«
- »Meine Verzweiflung, weil meine Gedanken einfach nicht stillstehen.«

Mögliche Klopfsätze nach Ausbruch eines Burn-outs

- »Ich kann nicht mehr.«
- »Ich bin so erschöpft.«
- »Ich bin völlig verzweifelt.«
- »Meine Trauer, dass ich so erschöpft bin.«
- »Mein Angst, dass ich nie wieder so werde wie früher.«
- »Meine Angst, dass das nie wieder weggeht.«
- »Meine Angst, dass ich damit leben muss.«
- »Meine Angst vor Überforderung.«
- »Mein Ärger auf mich, dass ich schlappmache.«

Hintergrund eines Burn-outs können der ungestillte Wunsch nach Anerkennung oder auch die Kindheitserfahrung sein, dass Sie nur geliebt wurden, wenn Sie Leistungen erbrachten.

Mögliche Klopfsätze

Gefühle

- »Meine Trauer, dass ich nur geliebt werde, wenn ich etwas leiste.«
- »Meine Trauer, dass ich schon als Kind so viel Verantwortung hatte.«
- »Meine Trauer, dass ich nie Kind sein durfte.«
- »Meine Trauer, dass ich so viel allein war.«

- »Meine Trauer, dass meine Bedürfnisse nie wichtig waren.«
- »Mein Ärger auf meine Eltern, dass sie mich so erzogen haben.«
- »Mein Ärger auf meine Eltern, dass sie nie für mich da waren.«
- »Mein Ärger auf meine Eltern, dass sie mich immer allein gelassen haben.«
- »Mama/Papa sollen endlich einmal sehen, wie sehr ich leide!«

Glaubenssätze
- »Ich werde nur geliebt, wenn ich etwas leiste.«
- »Ich bin nur wertvoll/etwas wert, wenn ich etwas leiste.«
- »Ich muss immer mehr tun als die anderen.«
- »Die anderen sind wichtiger als ich.«
- »Ich habe kein Recht, mich zu freuen.«
- »Ich habe kein Recht, an mich zu denken.«
- »Meine Bedürfnisse sind nicht wichtig.«
- »Ich bekomme nur Aufmerksamkeit, wenn ich leide.«

Situation 17
Computer und andere technische Geräte
Technische Neuerungen und Veränderungen ereilen uns in geradezu atemraubenden Tempo; kaum ein Tag vergeht, an dem nicht irgendeine Neuerung auf dem Technikmarkt unsere Aufmerksamkeit fordert. Für manche

Menschen, besonders Männer und junge Leute, ist das die pure Seligkeit. Für andere, besonders Frauen und ältere Menschen, der reine Horror. Gerade in der Berufswelt kommt es dadurch für manch einen zu Stress und Überforderung. Zusätzlich erschwert dann der innere Widerstand die Arbeit mit den neuen Technologien. Sätze wie »Früher habe ich die gleiche Arbeit auch ohne Computer geschafft.« hören wir häufig bei der Behandlung von Stress und Überforderung am (Computer-)Arbeitsplatz. Und nicht von ungefähr spricht man heute schon von »Technostress«. Auch ihm liegen Ängste zugrunde.

Mithilfe von MET können Sie ein entspanntes Verhältnis zur Technik entwickeln und lernen, sie zu Ihrem Nutzen einzusetzen.

Mögliche Klopfsätze

- »Meine Angst vor technischen Geräten.«
- »Meine Angst vor den vielen technischen Neuerungen unserer Zeit.«
- »Meine Angst, damit nicht zurechtzukommen.«
- »Meine Angst, damit überfordert zu sein.«
- »Meine Angst, das alles nicht zu schaffen.«
- »Meine Angst, dass Computerarbeit meinen Augen schadet.«
- »Meine Angst vor dem Internet.«
- »Meine Angst, ausgeforscht zu werden.«
- »Meine Angst, meinen Computer zu überfordern.«
- »Meine Angst, das nie zu lernen.«

- »Meine Angst, einen falschen Knopf zu drücken und irgendetwas zu löschen.«

Vielleicht verspüren Sie aber neben Ihrer Angst auch *Trotz* und *Widerstand*?
- »Mein Trotz/Widerstand gegen Computer/die Technisierung.«
- »Ich weigere mich, mich damit auseinanderzusetzen!«
- »Das sehe ich überhaupt nicht ein! Früher ging es ja auch anders.«
- »Ich will das auch gar nicht lernen.«
- »Früher war alles schöner, ohne diesen technischen Kram.«

Glaubenssätze
- »Das lerne ich nie!«
- »Dafür bin ich zu alt.«
- »Das ist nichts mehr für mich.«

Situation 18
Karriere
Das Wort Karriere leitet sich vom Lateinischen »carrus« = Wagen ab und bedeutet eigentlich Straße. In unserem heutigen Sprachgebrauch ist damit die persönliche Laufbahn eines Menschen in seinem Berufsleben gemeint.

Karriere zu machen kann überdurchschnittliche Leistungen, Verbesserung oder Veränderung seiner Qualifikation, Fortbildung etc. bedeuten und ist manchmal mit viel Anstrengung und Stress verbunden. Karriere zu machen bedeutet oft, auf Familie und Kinder, Freizeit, Hobbys und Freunde zu verzichten.

Der Hintergrund eines Karrierestrebens kann auch der Wunsch sein, es seinen Eltern einmal so richtig zu zeigen und vielleicht endlich einmal die bisher verweigerte Anerkennung zu erhalten. Dann ist Karriere Stress.

Auf die Frage, was sie gern anders gemacht hätten, antworteten in einer Erhebung viele erfolgreiche Männer, allesamt Familienväter, die wirklich Karriere gemacht hatten, dass sie lieber mehr Zeit mit ihren Kindern verbracht hätten, statt sich allein auf ihre berufliche Laufbahn zu konzentrieren. Nun, sie hätten auch klopfen können. Denn sich dem Karrierestreben hinzugeben, ohne MET anzuwenden, kann in der Tat richtig stressig sein. Mit dem Klopfen jedoch wird es Ihnen in aller Regel gelingen, die Leiter des Erfolgs ganz entspannt, voller Spaß und aus einem inneren Bedürfnis heraus zu erklimmen. Sie müssen nur herausfinden, welche der folgenden Gefühle auf Sie persönlich zutreffen.

Mögliche Klopfsätze

- »Meine Angst um meine Karriere.«
- »Meine Angst, nicht befördert zu werden.«
- »Meine Angst zu versagen.«
- »Meine Angst, übergangen zu werden.«
- »Meine Angst davor, eine Gehaltserhöhung zu fordern.«

- »Meine Angst, dass XY mir den Job streitig macht.«
- »Meine Angst, dass ich mein Pensum nicht schaffe.«
- »Meine Angst, Erfolg zu haben.«
- »Meine Angst, keinen Erfolg zu haben.«
- »Meine Angst, sozial nicht angesehen zu sein, wenn ich keine Karriere mache.«
- »Meine Angst, meine Familie zu verlieren.«
- »Meine Angst/meine Trauer, dass ich dann keine Zeit habe, eine Familie zu gründen.«
- »Meine Angst, später dann ganz allein dazustehen.«
- »Meine Trauer, dass ich so wenig Zeit für meine Familie habe.«
- »Mein Neid auf XY, weil er/sie befördert wurde und ich nicht.«
- »Meine Trauer/mein Ärger, weil ich wieder mal übergangen wurde.«
- »Meine Trauer/mein Ärger, dass meine Eltern mich nie anerkannt haben.«
- »Meine Trauer/mein Ärger, dass meine Eltern mich nie gelobt haben.«
- »Mein Wunsch, endlich von meinen Eltern anerkannt zu werden.«
- »Mein Wunsch, dass meine Eltern endlich stolz auf mich sind.«

Situation 19
Negative Gefühle gegenüber Kollegen

Es kann sein, dass Sie bestimmten KollegInnen gegenüber Ängste, Ärger oder andere negative Gefühle empfinden.

Mögliche Klopfsätze

- »Meine Angst vor Herrn/Frau ...«
- »Meine Angst vor XY, weil er immer so aggressiv ist.«
- »Meine Angst vor XY, weil er so hinterhältig ist.«
- »Meine Angst, dass meine Kollegen über mich tratschen.«
- »Meine Angst, dass meine Kollegen schlecht über mich reden.«
- »Meine Angst, dass meine Kollegen mich fertigmachen.«
- »Meine Angst, dass meine Kollegen mich beim Chef anschwärzen.«
- »Meine Angst, gekündigt zu werden.«
- »Mein Ärger auf XY, weil er mich belogen hat.«
- »Mein Ärger auf XY, weil er immer über mich herzieht.«
- »Mein Ärger auf XY, weil er mir immer seine Arbeit aufdrückt.«
- »Mein Ärger auf XY, weil er/sie so faul ist.«
- »Mein Ärger auf XY, weil er so eine Tratschtasche ist.«

- »Wenn ich die/den schon sehe, könnte ich an die Decke gehen!«
- »Mein Neid auf XY, weil er/sie mehr Beachtung bei den Kollegen findet.«
- »Mein Neid auf XY, weil er/sie so gut aussieht.«
- »Mein Neid auf XY, weil der Chef ihn/sie immer bevorzugt.«
- »Mein Neid auf XY, weil er/sie immer schneller ist als ich.«
- »Mein Neid auf XY, weil er/sie bei den anderen so beliebt ist.«

Situation 20
Konflikte mit Kollegen

An den meisten Arbeitsplätzen gibt es immer mal wieder Reibungspunkte. Schlimmer als offen ausgetragene Konflikte können dabei jedoch schwelende Streitigkeiten sein:

Mögliche Klopfsätze

- »Meine Angst vor Konflikten.«
- »Meine Angst, dass es eine Auseinandersetzung gibt.«
- »Meine Angst, dass ich nicht weiß, was ich sagen soll.«
- »Meine Angst, dass ich rot werde.«

- »Meine Angst vor Kollege XY, weil der so ein scharfer Hund ist.«
- »Meine Angst, den Mund aufzumachen.«
- »Meine Angst, für mich einzutreten.«
- »Meine Angst zu sagen, was ich will.«
- »Meine Angst, dass ich (wieder) unterlegen bin.«
- »Meine Angst, nein zu sagen/mich abzugrenzen.«

Glaubenssätze
- »Ich darf nicht für mich eintreten.«
- »Ich habe es nicht verdient, beachtet zu werden.«
- »Ich kriege eh immer die ganze Arbeit aufgedrückt.«
- »Ich bin halt ein Pechvogel.«

Situation 21
Entlassung

Entlassungen können verschiedene Gründe haben. Entweder geht es dem Betrieb schlecht, weil er es z. B. versäumt hat, sich den veränderten Marktbedingungen anzupassen. Oder die gesamtwirtschaftliche Lage hat Auswirkungen auf bestimmte Branchen. Oder die Gründe liegen in Ihrer Person. Egal weshalb, Kündigungen lösen bei den Betroffenen immer Gefühle aus. Und das sind selten Glücksgefühle. Im Fall der Fälle können Sie aber etwas dafür tun, Ihre emotionale Balance wiederzuerlangen.

Mögliche Klopfsätze

- »Meine Angst, gekündigt zu werden.«
- »Meine Angst, nach so vielen Jahren den Betrieb verlassen zu müssen.«
- »Meine Angst, was dann aus mir wird.«
- »Meine Angst, dann keinen Sinn mehr in meinem Leben zu haben.«
- »Meine Angst, dann nicht mehr dazuzugehören.«
- »Meine Angst, dann keine Arbeit mehr zu finden.«
- »Meine Angst, sozial abzusteigen.«
- »Meine Angst, dann keinen Halt mehr zu haben.«
- »Meine Trauer, nach so vielen Jahren hier nicht mehr zu arbeiten.«
- »Meine Ärger auf die da oben, weil die mich einfach wegwerfen.«
- »Meine ungeheure Wut, dass es mich trifft.«

Vielleicht möchten aber auch *Sie* Ihr Arbeitsverhältnis kündigen?

Mögliche Klopfsätze

- »Meine Angst zu kündigen.«
- »Meine Angst, meine eigenen Wege zu gehen.«
- »Meine Angst, mich selbstständig zu machen.«

- »Meine Angst, was meine Kollegen/mein Chef sagen werden.«
- »Meine Angst, eine falsche Entscheidung zu treffen.«
- »Mein schlechtes Gewissen, wenn ich jetzt in dieser Situation kündige.«

Situation 22
Konflikte mit Vorgesetzten

Die Beziehung zu Vorgesetzten kann mitunter sehr belastend sein. Sind Angst, Ärger oder Neid die Gefühle, die Ihr Verhältnis zu Ihrem Chef oder Ihrer Chefin prägen, dann leiden Sie persönlich darunter – und auch Ihre Leistungen. Denn negative Emotionen sind nie gut für das Betriebsklima. Klopfen hilft, Ihnen und Ihren Vorgesetzten das Arbeiten angenehmer zu machen.

Mögliche Klopfsätze

- »Meine Angst vor meinem Vorgesetzten/Chef/meiner Chefin.«
- »Meine Angst vor Autoritäten.«
- »Meine Angst, zu meinem Vorgesetzten/Chef/meiner Chefin gerufen zu werden.«
- »Meine Angst, seinen/ihren Erwartungen nicht zu genügen.«
- »Mein Ärger auf meinen Chef/meine Chefin, weil er/sie so ungerecht ist.«

- »Mein Ärger auf meinen Chef/meine Chefin, weil er/sie keine Ahnung hat.«
- »Mein Ärger auf meinen Chef/meine Chefin, weil er/sie immer unzufrieden mit mir ist.«
- »Mein Ärger auf meinen Chef/meine Chefin, weil er/sie so viel von mir verlangt.«
- »Mein Neid auf meinen Chef/meine Chefin, weil er/sie so ein schönes Büro hat.«
- »Mein Neid auf meinen Chef/meine Chefin, weil er/sie so viel verdient.«
- »Mein Neid auf meinen Chef/meine Chefin, weil ich ihm seinen/ihren Erfolg nicht gönne.«

Situation **23**
Leistungsblockaden

Sie haben ein Projekt, eine bestimmte Aufgabe übertragen bekommen und müssen termingerecht ein Ergebnis vorweisen.

Sie geben sich alle Mühe, aber nichts passiert. Sie sind unkonzentriert, Ihnen fällt partout nichts ein. Die Ideen haben sich ins Nirgendwo verflüchtigt. Sie fühlen sich absolut blockiert. Und zu guter Letzt sitzt Ihnen der Termindruck im Nacken.

All das können Sie mit MET bearbeiten.

Mögliche Klopfsätze

Sie können sich nicht konzentrieren:
- »Ich kann mich nicht konzentrieren.«
- »Meine Ärger auf mich, dass ich mich nicht konzentrieren kann.«
- »Mein Frust, weil ich so unkonzentriert bin.«

Ihnen fällt nichts ein:
- »Mir fällt nichts ein.«
- »Mein Frust, weil mir nichts einfällt.«
- »Mein Ärger auf mich, weil ich so leer bin.«

Sie haben keine Ideen:
- »Ich habe keine Ideen.«
- »Mein Ärger auf mich, weil ich keine Idee habe.«
- »Meine Angst, dass sich keine Ideen einstellen.«
- »Mein Frust, dass ich keine Idee habe.«

Sie fühlen sich total blockiert:
- »Ich fühle mich total blockiert.«
- »Mein Ärger, weil ich so blockiert bin.«

Vielleicht empfinden Sie auch ein gewisses Maß an *Trotz* gegenüber dem Thema, Ihrem Chef oder einer anderen Person. Da dieser Trotz, obwohl er sich vordergründig gegen Ihre Kollegen oder das Projekt richtet, seine Ursache in der Kindheit hat und sich letztlich gegen Ihre Mutter oder Ihren Vater richtet, müssen Sie ihn in aller Regel häufiger beklopfen.

Mögliche Klopfsätze

- »Mein Widerstand/Trotz gegen das Thema XY/Person XY.«
- »Meine Riesentrotz gegen XY.«
- »Soll der/die doch sehen, wie er das hinkriegt!«

Bei Termindruck:
- »Der Druck, bis zum ... fertig sein zu müssen.«
- »Dieser Druck macht mich ganz fertig!«
- »Mein Stress, dass ich solchen Termindruck habe.«
- »Meine Angst, dass ich das bis zu dem Termin nicht schaffe.«
- »Mein Ärger auf XY, dass ich so wenig Zeit habe.«

Situation 24
Als Chef/Vorgesetzter/Unternehmer

In Führungspositionen sind Menschen oft Belastungen ausgesetzt, die so groß sein können, dass sie die Freude an der Arbeit und damit auch die tatsächlichen Leistungen erheblich einschränken.

Mögliche Klopfsätze

- »Meine Angst vor meinen Mitarbeitern.«
- »Meine Angst, nicht anerkannt zu werden.«
- »Meine Angst, den Anforderungen nicht zu genügen.«

- »Meine Angst, mich nicht durchsetzen zu können.«
- »Meine Angst, dass sie mich fertigmachen.«
- »Meine Angst, dass meine Mitarbeiter sich widersetzen.«
- »Meine Angst, dass meine Mitarbeiter meine Anweisungen ignorieren.«
- »Meine Angst, meine Arbeit nicht zu schaffen.«
- »Meine Angst vor dem Neid meiner Mitarbeiter.«
- »Meine Angst vor Innovationen in meiner Firma.«
- »Meine Angst, mich Neuerungen und Herausforderungen zu stellen.«
- »Meine Angst vor neuen Ideen junger Mitarbeiter.«
- »Meine Angst, den Anschluss an … zu verlieren.«
- »Meine Angst, dass wir die Krise nicht überstehen.«
- »Meine Angst, dass nicht genügend Aufträge hereinkommen und ich Leute entlassen muss.«
- »Meine Angst, dass alles den Bach runtergeht.«
- »Meine Angst, dass alles umsonst war, was ich aufgebaut habe.«
- »Meine Angst, unbequeme Entscheidungen zu treffen.«
- »Meine Schwierigkeiten, Arbeiten zu delegieren.«
- »Meine Probleme zu kontrollieren, ob Aufträge von Mitarbeitern erledigt wurden.«
- »Mein Ärger, weil meine Mitarbeiter alles, was ich vorschreibe, torpedieren.«
- »Mein Ärger/mein Frust, weil meine Mitarbeiter immer wieder dieselben Fehler machen.«

- »Mein Ärger auf XY, weil er/sie so renitent ist.«
- »Mein Ärger auf XY, weil er/sie sich immer dumm stellt.«
- »Meine Trauer/Schuldgefühle/mein Ärger, weil ich so viele Mitarbeiter entlassen musste.«
- »Meine Schuldgefühle, XY zu entlassen.«
- »Meine Schuldgefühle, dass XY jetzt arbeitslos ist.«
- »Mein schlechtes Gewissen wegen der privaten/beruflichen Misere von XY.«
- »Mein schlechtes Gewissen meinen Mitarbeitern gegenüber, weil es mir finanziell und privat so gut geht.«

Glaubenssätze
- »Das war schon immer so.«
- »Das ist bei uns Tradition.«
- »Das hat schon immer funktioniert, das funktioniert auch weiter so.«
- »Ich komme auch gut alleine klar.«
- »Ich brauche keine Hilfe/Unterstützung/kein Coaching.«
- »Coaching ist rausgeschmissenes Geld.«
- »Fortbildung für meine Mitarbeiter ist überflüssig.«

Situation 25
Mobbing

Das Wort Mobbing kommt vom Englischen »to mob« und bedeutet anpöbeln, angreifen, über jemanden herfallen. Wenn Ihnen Derartiges vonseiten Ihrer KollegInnen widerfährt, kann es dazu führen, dass Sie sich an Ihrem Arbeitsplatz zunehmend unwohl fühlen.

Mögliche Klopfsätze

- »Meine Angst, (von XY) gemobbt zu werden.«
- »Meine tägliche Angst, zur Arbeit zu gehen.«
- »Meine Angst, von XY wieder angefeindet zu werden.«
- »Meine Angst, dass die mir das Leben schwermachen.«
- »Meine Angst, mich zu wehren.«
- »Meine Angst, dass das nie aufhört.«
- »Meine Trauer, dass meine Kollegen mich so behandeln.«
- »Meine Trauer, dass ich so hilflos bin.«
- »Meine Trauer, dass ich so fertiggemacht werde.«
- »Meine Trauer, dass ich mich nicht wehren kann.«
- »Mein Ärger auf XY, weil er/sie immer so eklig zu mir ist.«
- »Meine Hilflosigkeit.«
- »Ich fühle mich so hilflos.«
- »Mein Frust, weil ich nicht weiß, was ich tun soll.«

- »Meine Verzweiflung.«
- »Ich tu mir so leid.«

Glaubenssätze
- »Ich bin halt ein armes Opfer.«
- »Ich bin minderwertig.«
- »Ich darf mich nicht wehren.«
- »Ich habe es verdient, so schlecht behandelt zu werden.«

Wenn Sie diese negativen Befindlichkeiten aufgelöst haben, können Sie Ihr neues Selbstbewusstsein zusätzlich stärken:

Wahlmöglichkeiten
- »Ich wähle, mir meiner Stärke ab sofort bewusst zu sein.«
- »Ich wähle, ab sofort zu wissen, dass ich wertvoll bin.«
- »Ich wähle, ab sofort selbstbewusst und stark im Leben zu stehen.«
- »Ich wähle, zu wissen, dass ich mir meine Realität selbst erschaffe.«

Situation 26
Stress

Es gibt positiven Stress (Eustress), der als angenehm und förderlich empfunden wird. Und es gibt negativen Stress (Disstress), der unangenehm ist und gesundheitliche Folgen zeitigt, wenn er zu lange andauert. Negativer Stress bedeutet nichts anderes als übermäßiger Druck. Er entsteht, wenn der Mensch das Gefühl – meistens Angst – hat, den Anforderungen, die das Leben an ihn stellt, nicht gewachsen zu sein.

Wenn Sie die vorigen Abschnitte und die dort vorgeschlagenen Klopfsätze beklopfen, soweit sie auf Sie zutreffen, trägt das erheblich dazu bei, dass Ihr Leben »entstresst« wird und Sie gelassener durchs (Berufs-)Leben gehen. Aber auch akuten Stresssituationen lässt sich erfolgreich begegnen.

Mögliche Klopfsätze

- »Ich bin so gestresst.«
- »Es ist alles zu viel.«
- »Meine Verzweiflung über den Stress in meinem Leben.«
- »Ich halte diesen Stress nicht mehr aus!«
- »Meine Angst, dass ich von dem ganzen Stress krank werde.«
- »Ich bin völlig fertig.«
- »Meine Angst, dass ich das alles nicht schaffe.«
- »Meine Trauer, dass ich immer so gehetzt bin.«

- »Meine Trauer, dass ich nie Zeit für mich habe.«
- »Alles ist nur ein einziges Gehetze!«
- »Ich fühle mich völlig überfordert.«
- »Ich fühle mich innerlich wie zerrissen.«

Glaubenssätze
- »Ich habe kein Recht, auch mal an mich zu denken.«
- »Ich muss immer erst an die anderen denken.«
- »Ich muss unentwegt schaffen.«
- »Ich habe kein Recht auf Ruhe.«

Wahlmöglichkeiten
- »Ich wähle, meine Bedürfnisse ab sofort ernst zu nehmen.«
- »Ich wähle, ab sofort gut für mich zu sorgen.«
- »Ich wähle, mir ab sofort immer dann eine Pause zu gönnen, wenn ich sie brauche.«
- »Ich wähle, ab sofort meine Arbeit in Ruhe und Gelassenheit zu erledigen.«

Bürokratie

Übersetzt bedeutet Bürokratie Herrschaft der Verwaltung. Und wir alle kennen es ja: Von der Wiege bis zum Sarg, ob Privatperson oder Unternehmen, wir werden verwaltet. Der Verwaltungsapparat ist mittlerweile so unübersichtlich geworden, dass die Übersicht nur noch wenige Experten haben, und das zumeist auch bloß auf einem kleinen Spezialgebiet. Zahlreiche Verordnungen, Vorschriften und Gesetze machen es dem Bürger, aber auch der Wirtschaft nicht gerade leicht. Von den Kosten dieses Verwaltungsapparats einmal ganz zu schweigen. Mit der nächsten Situation möchten wir Ihnen zeigen, was Sie in Bezug auf Behörden und Verwaltung so alles klopfen können, um mit diesem Teil unser aller Leben besser umgehen zu können.

Situation 27
Umgang mit Behörden
Den meisten ist der Gang zum Amt unangenehm. Entweder hat man Ängste oder man ärgert sich über den »Amtsschimmel«. Vielleicht hat man auch schon unangenehme Erfahrungen mit Ämtern gemacht.

Mögliche Klopfsätze

Ängste

- »Meine Angst vor der Behörde.«
- »Meine Angst, zum …amt zu gehen.«
- »Meine Angst vor dem Finanzamt.«
- »Meine Angst, dass ich da wieder kleingemacht werde.«
- »Meine Angst, fertiggemacht zu werden.«
- »Meine Angst, weil ich nicht weiß, was mich da erwartet.«
- »Meine Angst vor dem Unbekannten.«
- »Meine Angst vor den vielen Menschen in den Gängen.«
- »Meine Angst vor dem Sachbearbeiter.«
- »Meine Angst vor den Fragen.«
- »Meine Angst, dass mein Antrag abgelehnt wird.«
- »Meine Angst, weil die so viel von mir wissen wollen.«
- »Meine Angst vor diesem ganzen Papierkram.«
- »Meine Angst, was die alles von mir wissen wollen.«
- »Meine Angst, etwas zu übersehen.«
- »Meine Angst vor diesem Termindruck.«
- »Meine Angst, Fehler zu machen.«
- »Meine Angst, dass ich die Fragen nicht verstehe.«

Ärger
- »Meine Wut auf diesen aufgeblähten Verwaltungsapparat.«
- »Mein Ärger/meine Riesenwut über diese Sch…verwaltung.«
- »Mein Ärger auf die Politiker, dass die nichts ändern.«
- »Mein Ärger über diesen ganzen Schwachkram.«
- »Mein Ärger auf diese Eurokraten.«
- »Mein Ärger, dass mir durch so viele Vorschriften das Leben schwergemacht wird.«
- »Mein Ärger, dass die dafür auch noch Geld bekommen.«
- »Mein Ärger, weil ich (immer) so lange warten muss.«
- »Mein Ärger über diesen Schlendrian.«
- »Mein Ärger, weil die mich so von oben herab behandeln.«
- »Mein Ärger, weil irgendein Dokument fehlte und ich noch mal kommen muss.«
- »Mein Ärger, dass die mich so ausfragen.«
- »Mein Ärger auf die, dass die so viel von mir wissen wollen.«
- »Mein Riesenärger, weil mein Antrag abgelehnt wurde.«
- »Mein Ärger über diese Massenabfertigung.«
- »Mein Ärger über diesen ganzen Paragrafendschungel.«
- »Mein Ärger über all die Fragen.«

- »Mein Ärger über das Schneckentempo des Sachbearbeiters.«

Mögliche andere Gefühle
- »Mein Stress mit den Behörden.«
- »Ich fühle mich dieser Bürokratie gegenüber total ohnmächtig.«
- »Ich fühle mich so hilflos gegenüber diesem Apparat.«
- »Ich bin so verzweifelt, dass ich da nie einen erreiche.«
- »Ich bin so verzweifelt, weil ich nichts machen kann.«
- »Ich fühle mich so ausgeliefert.«
- »Meine Resignation über Behörde XY.«
- »Meine Resignation, dass mein Antrag abgelehnt wurde.«
- »Meine Resignation über das Arbeitstempo bei Behörde XY.«

Behörden, Ämter, Verwaltung, Staat sind Instanzen, die die väterliche Autorität repräsentieren. Wenn Sie gegen Ihren Vater also noch *Trotz* oder *Widerstände* empfinden, kann es durchaus sein, dass Sie auch auf Behörden mit Trotz und Rebellion reagieren:
- »Mein Trotz gegen diesen Behördenapparat.«
- »Mein Trotz gegen den Sachbearbeiter.«
- »Mein Trotz gegen das Finanzamt.«
- »Mein Trotz gegen den Staat/gegen Vater Staat.«
- »Meine Rebellion gegen Behörde XY.«

Besonders, wenn es um soziale Unterstützung geht, leiden Menschen oft auch unter *Scham*:
- »Meine Scham, zum Sozialamt/Wohnungsamt zu gehen.«
- »Meine Scham, weil ich bedürftig bin.«
- »Meine Scham, um Hilfe/Unterstützung zu bitten.«
- »Meine Scham, dass ich in dieser Situation bin.«

Wenn Sie all Ihre negativen Gefühle aufgelöst haben und in einem entspannten und zuversichtlichen Zustand sind, können Sie diesen noch untermauern:

Wahlmöglichkeiten
- »Ich wähle zu wissen, dass mein/e Sachbearbeiter/-in auch nur ein Mensch ist.«
- »Ich wähle, voller Vertrauen und Zuversicht damit umzugehen.«
- »Ich wähle zu wissen, dass die Bürokratie zu meiner Unterstützung da ist.«
- »Ich wähle, das alles ganz entspannt zu sehen.«
- »Ich wähle, voller Gelassenheit zu sein/gelassen zu bleiben.«

Ängste

Bei vielen Menschen ist Angst inzwischen ein Normalzustand geworden, mit dem sie irgendwie versuchen klarzukommen. Viele können sich ein Leben ohne Angst gar nicht mehr vorstellen. Vermeidungsstrategien sind das Mittel der Wahl. Sich einfach nicht mehr mit der Situation konfrontieren. Wegschauen, Kopf in den Sand.

Führende Angstforscher erklären, die Angst sei für den Menschen so wichtig wie die vier Räder an einem Auto. Oder dass sie unverzichtbar sei, um uns davon abzuhalten, gegen einen Baum zu fahren. Unserer Auffassung nach ist das nicht richtig. Was den Menschen davon abhält, gegen einen Baum zu fahren oder andere riskante Dinge zu tun, sind vielmehr seine Vernunft, das Wissen um die Gefahr und letztlich die Liebe zum Leben. Angst ist daher nach unserer Meinung nutzlos. Denn Angst verengt die Gefäße, blockiert das Denken und die Atmung sowie die Leistungs- und Wahrnehmungsfähigkeit und schränkt unsere Kreativität ein. Angst macht erwiesenermaßen krank und dumm und vermindert Freude und Lebensqualität in erheblichem Maße. Sie ist ein ernst zu nehmender Stressfaktor. Wer Angst hat, ist einfach nicht glücklich. Um den Kreislauf der Angst zu unterbrechen und sich zumindest für eine kurze Zeit wieder einigermaßen normal zu fühlen, nehmen Millionen von Menschen angstreduzierende Medikamente ein.

Ganz zu schweigen vom Alkohol-, Drogen- und Zigarettenkonsum, der in engem Zusammenhang mit Angstbewältigung gesehen werden muss.

Angst ist nicht unser natürlicher Seinszustand. Denn es gibt nur zwei angeborene Ängste: Die Angst zu fallen und die Angst vor lauten Geräuschen. Alle anderen Ängste werden im Laufe des Lebens über die Eltern und über Umwelteinflüsse erworben.

Ängste resultieren aus einer energetischen Blockade im Meridiansystem des Menschen. Diese energetische Blockade wird durch das Beklopfen aufgelöst, und damit verschwindet Ihre Angst. Und dabei müssen Sie nicht einmal ihren Ursprung kennen. Die einzige Voraussetzung, die Sie erfüllen müssen, um die Angst aufzulösen, ist die, dass Sie diese Angst auch wirklich fühlen.

Wenn Sie Ihre Ängste aufgelöst haben, werden Sie feststellen, dass Sie sich in einem angenehmen Gefühlszustand befinden, nämlich dem des Vertrauens, der Zuversicht und Liebe.

Wir haben hier für Sie die am weitesten verbreiteten Ängste zusammengestellt und möchten Sie ausdrücklich ermuntern, diese durch das Klopfen endgültig aus Ihrem Leben zu verbannen.

Situation **28**
Ängste, die Gesundheit betreffend

Die Angst, krank zu werden, ist das Schreckgespenst unserer Zeit. Gerade auf diesem Gebiet sind sich die Menschen aber überhaupt nicht im Klaren darüber, was Angst bewirkt. Es gilt in unserer Gesellschaft als normal und wünschenswert, regelmäßig zu Vorsorgeuntersuchungen zu gehen. Wenn man eine Krankheit überstanden hat, geht man selbstverständlich zur Nachsorge. Dagegen ist prinzipiell nichts einzuwenden. Nur, dass sich hinter dem Wort »Sorge« nichts anderes verbirgt als Angst. Aus lauter Angst geht man eben zur Vorsorge und dann zur Nachsorge und nährt dadurch die Angst immer weiter. Angst zieht aber genau das in Ihr Leben, wovor Sie Angst haben. Wenn nach Jahren der Angst und der Vorsorge die Krankheit dann endlich eintritt, die man unbewusst so lange erwartet hat, ist man doch froh, dass man Angst gehabt und Vorsorge betrieben hat.

Irrtum! Die Krankheit kommt erst im Gefolge der Angst. Krankheit ist oft nichts anderes als das Produkt Ihrer Angst! Genau das, wovor Sie sich fürchten, ziehen Sie in Ihr Leben. Das gilt auch für Krankheiten. Wenn Sie immer den Fokus auf eine Krankheit halten, tragen Sie aktiv dazu bei, dass sie ausbricht. Wenn Sie den Fokus dagegen auf Gesundheit halten, tragen Sie aktiv zu Ihrer Gesundheit bei. Das ist das Gesetz der Anziehung: Alles, worauf ich mein Denken und Fühlen richte, kommt unweigerlich in mein Leben. Zudem schwächt der Dauerzustand der Angst das Immunsystem.

Was liegt also näher, als diese Ängste aufzulösen?

Mögliche Klopfsätze

- »Meine Angst vor Krankheit.«
- »Meine Angst vor einer schweren Krankheit.«
- »Meine Angst vor Krebs.«
- »Meine Angst, so krank zu werden wie meine Mutter/Großmutter/mein Vater/Großvater.«
- »Meine Angst zu sterben.«
- »Meine Angst, mich mit … anzustecken.«
- »Meine Angst, älter zu werden.«
- »Meine Angst, eine Pflegefall zu werden.«
- »Meine Angst, gebrechlich zu werden.«
- »Meine Angst, auf die Hilfe anderer angewiesen zu sein.«

Glaubenssätze

- »Krankheit ist von Gott gegeben.«
- »Krankheit gehört zum Leben eben dazu.«
- »Da kann man nichts machen.«
- »Krankheiten sind nun mal die Prüfungen des Lebens.«
- »Krankheiten härten ab.«

Situation 29
Katastrophen

Das, was wir über Krankheiten geschrieben haben, gilt natürlich auch hier. Wenn Sie sich permanent ausmalen, was Ihnen, Ihrer Familie, Ihren Kindern oder der Welt alles geschehen könnte, tragen Sie aktiv dazu bei, das anzuziehen, wovor Sie Angst haben: eben die Katastrophe. So verbreitet es ist, sich Sorgen um sich und seine Mitmenschen zu machen, und so gut es auch gemeint sein mag, der Schuss geht nach hinten los. Wenn Sie sich häufig irgendwelche Horrorszenarien vorstellen, stehen die Chancen gut, dass diese irgendwann auch eintreten. Fangen Sie also am besten sofort an, Vertrauen zu entwickeln. Und das gelingt am besten, wenn Sie Ihre Ängste auflösen.

Mögliche Klopfsätze

- »Meine Angst um meine Familie.«
- »Meine Angst, dass meinen Kindern etwas passiert.«
- »Meine Angst, wenn meine Kinder nachts unterwegs sind.«
- »Meine Angst, vergewaltigt zu werden.«
- »Meine Angst, (nachts) überfallen zu werden.«
- »Meine Angst, dass bei mir eingebrochen wird.«
- »Meine Angst, einen Unfall zu erleiden/zu bauen.«
- »Meine Angst vor dem wirtschaftlichen Zusammenbruch.«
- »Meine Angst vor Terroristen.«
- »Meine Angst vor einem Krieg.«
- »Meine Angst vor einem Atomunfall.«
- »Meine Angst vor radioaktiver Strahlung.«
- »Meine Angst vor Umweltkatastrophen.«

Situation 30
Angst vor anderen Menschen

Gerade in Bezug auf andere Leute haben viele Menschen Angst. Sei es vor dem Kontakt, sei es vor Konflikten oder davor, anderen Menschen »nein« zu sagen. Dahinter kann die Unfähigkeit stehen, sich abzugrenzen – ein Problem, das vorwiegend Frauen haben. Es kann aber auch die Angst sein, ja zum Leben und zu seinen Milliarden Möglichkeiten zu sagen. Vielleicht haben Sie auch schlechte Erfahrungen mit anderen Menschen gemacht. Man hat Sie enttäuscht, betrogen, übervorteilt, schlecht behandelt. Und da sich kein Mensch darum reißt, dergleichen noch einmal zu erleben, entwickelt er Ängste, die ihn vor solchen Situationen bewahren sollen. Nur gilt auch hier das Gesetz der Anziehung: Wenn ich derart meinen Fokus auf Negativerlebnisse halte, ziehe ich diese förmlich in mein Leben. Wir haben hier einige Ängste zusammengestellt, die Ihnen eventuell das Leben vermiesen.

Mögliche Klopfsätze

- »Meine Angst, nein zu sagen.«
- »Meine Angst, ja zu sagen.«
- »Meine Angst, von … ausgenutzt zu werden.«
- »Meine Angst, übervorteilt zu werden.«
- »Meine Angst, betrogen zu werden.«
- »Meine Angst, nicht geliebt zu werden.«
- »Meine Angst vor Menschen.«

- »Meine Angst, vor Neuem/Unbekanntem/Veränderungen.«
- »Meine Angst, alleine einkaufen zu gehen.«
- »Meine Angst, alleine in den Supermarkt zu gehen.«
- »Meine Angst vor dem Alleinsein.«
- »Meine Angst in der Dunkelheit.«

Situation 31
Bahnfahrten

Neben der relativ weit verbreiteten Flugangst (siehe Situation 33) gibt es auch Ängste in Bezug auf andere Beförderungsmittel wie Bahn oder Auto. So schön eine Zugfahrt für viele sein kann, so stressig und angstbesetzt ist sie für andere. MET hilft, wenn schon der Gedanke an eine Reise mit der Bahn Sie in Alarm versetzt.

Mögliche Klopfsätze

- »Meine Angst, mit der Bahn zu fahren.«
- »Meine Angst auf Bahnhöfen.«
- »Meine Angst, zu spät zu kommen.«
- »Meine Angst, den Zug nicht zu kriegen.«
- »Meine Angst, den Bahnsteig nicht zu finden.«
- »Meine Angst vor den vielen Menschen auf Bahnhöfen.«
- »Meine Angst, die Tür nicht aufzukriegen.«

Situation 32
Autofahrten

In Deutschland gibt es rund 43 Millionen angemeldete Fahrzeuge. Kein Zweifel also, dass der motorisierte Straßenverkehr für unser heutiges Leben unverzichtbar ist. Für viele Menschen bedeutet das Autofahren jedoch Stress in Reinkultur, was häufig an negativen Erfahrungen liegt, die sie in der Vergangenheit gemacht haben, entweder am Steuer oder als Beifahrer. Traumatische Erlebnisse wie Unfälle oder Beinahezusammenstöße werden im Normalfall emotional nicht aufgearbeitet, sondern nur verdrängt. Und was bleibt, ist die Angst. In solchen Fällen sollte das entstandene Trauma natürlich professionell mit unseren MET-Techniken bearbeitet werden. Aber schon im Vorfeld können auch Sie selbst an Ihren Ängsten als Fahrer/-in oder Beifahrer/-in arbeiten.

Mögliche Klopfsätze für Fahrer/-innen

- »Meine Angst, allein mit dem Auto zu fahren.«
- »Meine Angst, mich zu verfahren.«
- »Meine Angst, die Kontrolle über das Fahrzeug zu verlieren.«
- »Meine Angst zu überholen.«
- »Meine Angst vor den anderen Autofahrern.«
- »Meine Angst, wenn die so dicht auffahren.«
- »Meine Angst, auf der Autobahn zu fahren.«
- »Meine Angst vor der Geschwindigkeit.«

- »Meine Angst vor den Lkws.«
- »Meine Angst, über Brücken zu fahren.«
- »Meine Angst, einen Unfall zu bauen.«
- »Mein Ärger auf mich, dass ich so ängstlich bin.«

Mögliche Klopfsätze für Beifahrer/-innen

- »Meine Angst als Beifahrer/-in.«
- »Meine Angst, mit meinem Mann/meiner Frau zu fahren.«
- »Meine Angst, mich meinem Mann/meiner Frau anzuvertrauen.«
- »Meine Angst, dass mein Mann/meine Frau zu dicht auffährt.«
- »Meine Angst, wenn mein Mann/meine Frau so schnell fährt.«
- »Meine Angst, dass er/sie einen Fehler macht/ einen Unfall baut.«
- »Meine Angst, dass er/sie zu spät bremst.«
- »Meine Angst, dass ich als Beifahrer/-in keinerlei Kontrolle habe.«
- »Mein Ärger, dass mein Mann/meine Frau so aggressiv fährt.«
- »Mein Ärger, dass er/sie so dicht auffährt.«

Situation 33
Flugangst

Ach, waren das noch Zeiten, als man sich per pedes oder mit der Kutsche durch die Lande bewegte. Heute geht es flotter zu und oft auch weit über die Landesgrenzen hinaus. Reise- und vor allem Geschäftswelt sind ohne das Flugzeug nicht mehr denkbar. Welche Folgen der Ausfall des Flugverkehrs hat, zeigte uns Anfang 2010 eindrucksvoll der Ausbruch dieses unaussprechlichen Vulkans in Island. So schön es für manch einen war zu »entschleunigen«, so fatal waren doch die Folgen für die Wirtschaft. Fatal ist es auch für Menschen, die gerne fliegen würden, wenn sie sich nicht in ein Flugzeug trauen. Es gibt nicht wenige Familien, die brav immer Urlaub in Balkonien oder an der Ostsee machen, weil Mama oder Papa Angst vor dem Fliegen haben. Manch eine Berufskarriere gerät abrupt ins Stocken, weil der- oder diejenige in kein Flugzeug steigen kann. Mannigfaltige Ängste hindern Betroffene daran, das Fliegen zu genießen und sich an dieser Technik zu erfreuen. Flugangst setzt sich übrigens in den meisten Fällen aus verschiedenen Ängsten zusammen.

Mögliche Klopfsätze

- »Meine Flugangst.«
- »Meine Angst vor dem Fliegen.«
- »Meine Angst, in den Flieger zu steigen.«
- »Meine Angst vor den vielen Menschen.«

- »Meine Angst, wenn die Tür zugeht.«
- »Meine Angst, dass ich dann nicht mehr rauskomme.«
- »Meine Angst vor dem Start.«
- »Meine Angst vor der starken Beschleunigung.«
- »Meine Angst, dass der Pilot getrunken hat.«
- »Meine Angst, dass der Kopilot/eine Frau das Flugzeug fliegt.«
- »Meine Angst, dass ein Terrorist/eine Bombe an Bord ist.«
- »Meine Angst vor den Turbulenzen.«
- »Meine Angst vor den Vibrationen.«
- »Meine Angst vor den Geräuschen.«
- »Meine Angst, dass der Pilot die Kontrolle verliert.«
- »Meine Angst, mich dem Piloten anzuvertrauen.«
- »Meine Angst, dass ich keine Kontrolle habe.«
- »Meine Angst, dass wir abstürzen und ich meine Kinder/Familie nicht mehr wiedersehe.«
- »Meine Angst, dass ich meine Kinder nicht aufwachsen sehe.«
- »Meine Angst, mit so vielen Menschen zusammen eingesperrt zu sein.«
- »Meine Angst, in ein Gewitter zu kommen.«
- »Meine Angst, dass die Maschine vom Blitz getroffen wird.«
- »Meine Angst, dass ein Feuer ausbricht.«
- »Meine Angst, dass die Maschine auseinanderbricht.«
- »Meine Angst, dass die Triebwerke ausfallen.«
- »Meine Angst, dass Vögel ins Triebwerk geraten.«

- »Meine Angst vor der Enge.«
- »Meine Angst vor der Landung.«
- »Meine Angst, bei der Landung abzustürzen.«
- »Meine Angst vor einer Panikattacke.«
- »Meine Angst, den Flug nicht durchzuhalten.«
- »Meine Angst abzustürzen.«
- »Meine Angst zu sterben.«

Situation **34**
Existenzangst

Unter diesem Oberbegriff verbirgt sich wieder eine ganze Reihe Ängste, die sich ganz besonders in wirtschaftlichen Krisenzeiten einstellen.

Mögliche Klopfsätze

- »Meine Existenzangst/-ängste.«
- »Meine Angst vor der Zukunft.«
- »Meine Angst, meinen Job zu verlieren.«
- »Meine Angst, keinen Job mehr zu kriegen.«
- »Meine Angst, gekündigt zu werden.«
- »Meine Angst, meine Familie nicht mehr ernähren zu können.«
- »Meine Angst, kein Geld mehr zu verdienen.«
- »Meine Angst, nicht mehr genug Geld zu verdienen.«
- »Meine Angst, meinen Lebensstandard nicht aufrechterhalten zu können.«

- »Meine Angst zu verarmen.«
- »Meine Angst, dass alles den Bach runtergeht.«
- »Meine Angst, dass die Welt untergeht.«
- »Meine Angst, dass die Wirtschaft zusammenbricht.«
- »Meine Angst, dass ich Pleite gehe.«
- »Meine Angst, dass ich Privatinsolvenz anmelden muss.«
- »Meine Angst, dass ich keine Aufträge mehr kriege.«
- »Meine Angst, dass ich schon zu alt bin, um neue Arbeit zu finden.«
- »Meine Angst, dass ich ein Sozialfall werde.«
- »Meine Angst vor dem Leben.«
- »Meine Angst, sozial abzusteigen.«
- »Meine Angst, dass wir in eine Rezession kommen.«
- »Meine Angst, dass ich meine Rechnungen nicht mehr zahlen kann.«
- »Meine Angst, dass ich meine Hypotheken nicht weiter abtragen kann.«
- »Meine Angst, mein Haus zu verlieren.«
- »Meine Angst, es nicht zu schaffen.«
- »Meine Angst zu versagen.«
- »Meine Angst vor Kurzarbeit.«
- »Meine Angst, dass ich wegrationalisiert werde.«
- »Meine Angst vor dem Ruin/Bankrott/der Privatinsolvenz.«
- »Meine Angst, alles zu verlieren.«
- »Meine Angst, nicht weiterexistieren zu können.«

Wahlmöglichkeiten
- »Ich wähle, ab sofort dem Lauf des Lebens zu vertrauen.«
- »Ich wähle, ab sofort Vertrauen in mich und meine Kraft zu haben.«

Entscheidungen

Leben bedeutet Veränderung. Am offensichtlichsten ist dies, wenn wir die äußere Reifung eines Menschen betrachten: erst Baby, dann Kind, dann Jugendlicher, dann Erwachsener mit allen Reifegraden, dann Greis. Aber nicht nur im Äußeren finden Veränderungen statt. Auch in unserer Gefühlswelt, in unseren Lebensumständen, Partnerschaften, im Beruf, in allen Bereichen des Lebens herrscht Bewegung, die immer wieder Entscheidungen verlangt. Manche Entscheidungen sind leicht, mitunter sind aber auch so viele Faktoren zu bedenken, dass man die eigenen Bedürfnisse ganz aus den Augen verliert und nicht mehr genau weiß, was sich gut anfühlt. Viele Menschen machen sich auch Sorgen, möglicherweise eine falsche Entscheidung zu treffen. Diesen sei an dieser Stelle gesagt: Falsche Entscheidungen gibt es nicht! Es gibt nur Entscheidungen, die Konsequenzen haben. Insofern können Sie sich getrost entspannen. Es ist egal, wie Sie sich entscheiden, Sie müssen nur bereit sein, die Konsequenzen zu tragen. Dies gilt natürlich besonders für große Lebensentscheidungen. Aber auch in kleinen Bereichen gibt es manchmal durchaus Entscheidungsprobleme: Was soll ich anziehen? Was soll ich essen? Was soll ich unternehmen? Auch hier kann Ihnen das Klopfen behilflich sein.

Situation 35
Vor dem Kleiderschrank
Fangen wir mit den kleinen Themen an. Sie stehen vor Ihrem Kleiderschrank und können sich einfach nicht entscheiden, was Sie anziehen sollen – ein Problem, das vor allem Frauen vertraut sein wird.

Mögliche Klopfsätze

- »Ich kann mich nicht entscheiden, was ich anziehen soll.«
- »Ich habe nichts anzuziehen!« (Dabei ist der Kleiderschrank rappelvoll!)
- »Es nervt mich, dass ich mich mal wieder nicht entscheiden kann!«

Situation 36
Im Restaurant
Sie sitzen im Restaurant, vor Ihnen liegt eine umfangreiche Karte mit wundervollen Speisen, von denen eine verlockender klingt als die andere. Neidvoll schielen Sie auf die anderen, die ihre Wahl schon längst getroffen haben, während Sie sich partout nicht für ein Gericht entscheiden können.

Mögliche Klopfsätze

- »Ich kann mich nicht entscheiden, was ich essen soll.«
- »Das ist alles so lecker!«
- »Meine Angst, dass mir das, was ich bestelle, dann nicht schmeckt.«
- »Meine Angst, dass ich hinterher lieber etwas anderes möchte.«

Situation 37
Verabredungen

Es ist Freitag- oder Samstagabend. Sie haben mehrere Einladungen von Freunden, können sich aber einfach nicht entscheiden, welche Sie annehmen. Alle hören sich interessant an, und Sie möchten auch niemanden vor den Kopf stoßen. MET kann Ihnen auch aus dieser Verlegenheit heraushelfen.

Mögliche Klopfsätze

- »Ich kann mich nicht entscheiden, wo ich heute Abend hingehen soll.«
- »Ich kann mich nicht entscheiden, mit wem ich heute ausgehen soll.«
- »Meine Angst, XY vor den Kopf zu stoßen.«
- »Meine Angst, dass XY nicht mehr mit mir spricht, wenn ich heute nicht mit ihm/ihr ausgehe.«

- »Meine Angst, nein zu sagen/XY eine Absage zu erteilen.«
- »Mein Schuldgefühle, wenn ich nicht mit XY ausgehe.«

Klopfen Sie die jeweiligen Sätze so lange, bis Ihnen klar ist, wonach es Sie verlangt und womit Sie sich am wohlsten fühlen. Aus dieser Bewusstheit heraus können Sie dann die Entscheidung treffen, die im gegebenen Moment Ihren Bedürfnissen am meisten entspricht.

Situation 38
Berufsleben

Das Klopfen kann Ihnen eine wunderbare Hilfe sein, wenn Sie in Ihrem Berufsleben an einem Punkt angekommen sind, an dem eine Veränderung ansteht. Vielleicht wird Ihnen eine höher dotierte Stelle angeboten, eventuell auch in einer anderen Filiale. Oder man möchte Sie befördern. Oder man lockt mit einem interessanten Angebot in eine andere Stadt oder ins Ausland. Oder aber es verlangt Sie nach etwas Neuem. Auch in diesem Fall gilt es, eine Entscheidung zu treffen.

Mögliche Klopfsätze

- »Meine Angst, die andere Stelle anzunehmen.«
- »Meine Angst, dass ich dann gewisse (finanzielle) Vorteile verliere.«

- »Meine Angst, dass ich dann nicht mehr mit meinen Kollegen zusammen bin.«
- »Meine Angst, dass meine Kollegen mir dann feindlich gesonnen sind.«
- »Meine Angst, dass ich dann mehr Verantwortung habe.«
- »Meine Angst, dass ich den Anforderungen nicht gewachsen bin.«
- »Meine Angst, mich zu entscheiden.«
- »Meine Angst, eine falsche Entscheidung zu treffen.«
- »Meine Angst, dass ich meine Entscheidung später bereue.«
- »Meine Angst, weil ich dann nicht mehr zurückkann.«
- »Meine Angst vor dem, was dann auf mich zukommt.«
- »Meine Angst, meine Familie (Ehemann/Ehefrau) dann weniger zu sehen.«
- »Meine Angst, erfolgreich zu sein.«
- »Meine Angst zu versagen.«
- »Meine Angst, auf die Nase zu fallen.«
- »Meine Angst, meine Chefs zu enttäuschen.«
- »Meine Angst, mein vertrautes Umfeld zu verlassen.«
- »Meine Angst, dass mein neues Projekt nichts wird.«
- »Meine Angst, in eine andere Filiale/Stadt/in ein anderes Land zu gehen.«
- »Meine Angst vor dem Unbekannten.«
- »Meine Angst, dass das alles viel zu groß für mich ist.«

- »Meine Angst vor den fremden Menschen, denen ich dann begegne.«
- »Meine Angst, die Sprache nicht zu beherrschen.«
- »Mein Ärger auf mich, weil ich so ängstlich bin.«
- »Mein Ärger auf mich, weil ich mich nicht entscheiden kann.«
- »Meine Zweifel, dass eine Veränderung gut für mich ist.«

Erforschen Sie genau, was Sie noch daran hindert, eine Entscheidung zu fällen. Wenn Sie merken, dass keine negativen Gefühle mehr da sind, dann können Sie einen oder mehrere der folgenden Sätze klopfen:

Wahlmöglichkeiten
- »Ich wähle zu wissen, dass jede Entscheidung eine gute Entscheidung ist.«
- »Ich wähle zu wissen, dass alles in Ordnung ist, egal, wie ich mich entscheide.«
- »Ich wähle zu wissen, dass ich erfolgreich sein darf.«
- »Ich wähle, mich ab sofort auf die neuen Herausforderungen zu freuen.«

Situation 39
Partnerschaft

Auch Beziehungen und Partnerschaften sind von Veränderungen nicht ausgenommen. So kann es sein, dass man bestimmte Gewohnheiten oder Gepflogenheiten ändern möchte. Vielleicht hat man auch das Gefühl, dass die Trennung von einem bestimmten Menschen möglicherweise die beste Lösung sein könnte. Vielen mangelt es jedoch am erforderlichen Mut, sich den veränderten Bedürfnissen und Anforderungen zu stellen. Und statt nun auf neue Ufer zuzusteuern, lässt man lieber alles beim Alten. Hier kennt man sich aus, hier kann nichts passieren. Wenn Ihnen das aber nicht reicht, dann sollten Sie unbedingt klopfen.

Mögliche Klopfsätze

- »Meine Angst, etwas zu verändern.«
- »Meine Angst, meine Bedürfnisse anzumelden.«
- »Meine Angst vor einer Entscheidung.«
- »Meine Angst vor den Konsequenzen meiner Entscheidung.«
- »Meine Angst, ihm/ihr wehzutun.«
- »Meine Angst, etwas kaputt zu machen, wenn ich mich entscheide.«
- »Meine Angst, dass es Streit gibt, wenn ich sage, was ich will.«
- »Meine Angst, dass es Streit gibt, wenn ich meine Meinung vertrete.«
- »Meine Angst, mich von meinem Partner/meiner Partnerin zu trennen.«
- »Meine Angst, ihm/ihr das zu sagen.«
- »Meine Angst vor der Wahrheit/der Wahrheit ins Gesicht zu sehen.«

- »Meine Trauer, dass eine schöne Zeit vorüber ist.«
- »Meine Trauer, dass wir nicht mehr zueinanderfinden.«
- »Meine Trauer, dass sich unsere Wege trennen.«
- »Meine Trauer, dass man die Zeit nicht zurückdrehen kann.«
- »Meine Trauer/Verzweiflung über die verlorene Zeit.«
- »Meine Verzweiflung, weil ich mich nicht entscheiden kann.«
- »Mein Ärger auf mich, dass ich mich nicht traue.«
- »Mein Schuldgefühl, weil ich mich verändern will.«
- »Mein Schuldgefühl, weil ich eigene Bedürfnisse habe.«
- »Mein Schuldgefühl, ihn/sie zu verlassen.«

Wenn Sie all Ihre negativen Gefühle aufgelöst haben, können Sie wieder eine oder mehrere *Wahlmöglichkeiten* klopfen:
- »Ich wähle zu wissen, dass ich meine eigenen Wege gehen darf.«
- »Ich wähle, mir zu erlauben, meinen Bedürfnissen Raum zu geben.«
- »Ich wähle zu wissen, dass ich ein Recht auf eigene Entscheidungen habe.«
- »Ich wähle, meine Entscheidung mit Ruhe und Gelassenheit vorzutragen.«

Gesundheitspflege

Gesundheitsratgeber und Zeitschriften über Fitness gibt es in großer Zahl. Die Gesundheit und ihr Erhalt sind ein Dauerthema. Zu Recht. Denn nur wenn Sie gesund sind, fühlen Sie sich wohl.

In diesem Kapitel sprechen wir beispielhaft so unterschiedliche Themen an wie Ernährung, Bewegung, Schlafstörungen, Nägelkauen und Zähneknirschen.

Situation 40
Abneigung gegen bestimmte Lebensmittel

Wenn Sie bestimmte Lebensmittel, z. B. Rohkost, Gemüse, Fleisch oder auch Wasser, nicht mögen und dies gern ändern würden, können Sie Ihre Abneigung oder Ihren Ekel beklopfen. Stellen Sie sich das entsprechende Nahrungsmittel vor und spüren Sie nach, welche Gefühle auftauchen.

Mögliche Klopfsätze

- »Meine Abneigung/mein Ekel gegen Rohkost/Gemüse/Obst/Fleisch/Wasser.«
- »Wenn ich schon daran denke, wird mir übel.«

- »Mein Ekel, wenn ich an den Geschmack von … denke.«
- »Ich kann mir nicht vorstellen, … zu essen/trinken.«
- »… ist widerlich.«
- »Mein Ekel, wenn andere Leute … essen.«
- »Meine Trauer/Verzweiflung, dass ich … nicht essen kann.«

Der Abneigung oder dem Ekel gegenüber bestimmten Lebensmitteln können unangenehme Kindheitserinnerungen zugrunde liegen.

Mögliche Klopfsätze

- »Meine Trauer, dass ich als Kind immer … essen musste.«
- »Mein Ärger auf meine Eltern, dass sie mich immer gezwungen haben, … zu essen.«

Situation 41
Übermäßiges Verlangen nach Essen

Viele Menschen leiden darunter, dass sie einfach zu viel essen. Alle Versuche, dies in den Griff zu bekommen, scheitern kläglich. Sie fühlen sich in einem Teufelskreis, aus dem es kein Entrinnen zu geben scheint. Klopfen kann ein Ausweg sein.

Mögliche Klopfsätze

- »Mein großes/riesiges Verlangen nach Essen.«
- »Mein Verlangen, immer mehr zu essen, als mir gut tut.«
- »Ich muss immer essen.«
- »Dieses schreckliche, nagende Hungergefühl in meinem Magen.«
- »Diese ständigen Gedanken ans Essen.«
- »Mein Ärger auf meinen Körper, dass er immer wieder nach Essen verlangt.«
- »Mein Ärger auf mich, dass ich immer wieder zu viel esse.«
- »Mein Ärger auf mich, dass ich einfach nicht aufhören kann.«
- »Mein Ärger auf mich, dass ich gestern wieder so viel in mich reingestopft habe.«
- »Meine Verzweiflung, dass ich mich immer wieder überfresse.«
- »Meine Hilflosigkeit.«
- »Mein Schuldgefühl, weil ich gestern wieder so viel gegessen habe.«
- »Meine Scham/mein Ärger/meine Verzweiflung, dass ich so gierig bin.«
- »Mein schlechtes Gewissen, weil ich gestern (wieder) den Kühlschrank geplündert habe.«
- »Meine Resignation/Scham/Verachtung, dass ich das nicht in den Griff kriege.«

Wenn das Verlangen Sie zum Kühlschrank gezogen hat und Sie davorsitzen und überlegen, was Sie jetzt noch essen könnten, obwohl Sie eigentlich satt sind, dann klopfen Sie:
- »Mein (unbestimmtes) Verlangen, jetzt etwas zu essen.«
- »Meine Gier, jetzt etwas zu essen.«

Wahlmöglichkeiten
- »Ich wähle, ab sofort nur so viel zu essen, bis ich satt bin.«
- »Ich wähle, ab sofort das Sättigungsgefühl meines Magens zu beachten.«
- »Ich wähle, ab sofort nur so viel zu essen, wie mein Körper braucht.«
- »Ich wähle zu wissen, dass mein Körper nur das verwertet, was er braucht.«

Situation 42
Verlangen nach süßen oder salzigen Leckereien

Es ist nichts dagegen zu sagen, ab und zu mal ein Stück Schokolade, ein paar Chips oder anderes zu naschen. Wenn das Verlangen nach Süßem oder Salzigem aber nicht zu stoppen ist und Sie sich mit Ihrem übermäßigen Konsum nicht mehr wohlfühlen, besteht Handlungsbedarf.

Gehen Sie bitte folgendermaßen vor: Wenn das Verlangen nach Ihrem Lieblingsnaschwerk (egal, ob Scho-

kolade, Kuchen, Eis, Chips, Gummibärchen, Marshmallows, Pfefferminzbonbons oder anderes) richtig stark ist, nehmen Sie ein Stück davon in eine Hand, schauen Sie es an und klopfen Sie:
- »Mein Verlangen nach dieser Schokolade/diesen Chips etc.«

Klopfen Sie so lange, bis das Verlangen auf null ist.

Weitere mögliche Klopfsätze

- »Meine Gier nach dieser Schokolade/diesem Kuchen etc.«
- »Ich muss das jetzt essen!«
- »Meine Lust auf diese Schokolade etc.«
- »Meine Lust, da jetzt reinzubeißen.«
- »Meine Lust auf diesen zarten Schmelz im Mund.«
- »Meine Lust auf diese Süße.«

Vielleicht stellen sich auch *Gefühle* ein:
- »Meine Angst/meine Trauer, dann nichts Süßes mehr in meinem Leben zu haben.«

Oder Sie hängen *Glaubenssätze* an:
- »Schokolade etc. ist für mich Belohnung.«
- »Schokolade etc. bedeutet für mich Geborgenheit.«

Eventuelle Kindheitserinnerungen:
- »Meine Trauer, dass Schokolade mein einziger Trost war.«
- »Meine Trauer, dass ich immer so allein war.«

Wenn das Verlangen Sie im Supermarkt überkommt, vor dem Regal mit dem Naschwerk, können Sie klopfen:
- »Mein Verlangen nach diesem Schokoriegel etc.«
- »Mein Verlangen, jetzt diesen Kuchen, diese Schokolade etc. in meinen Einkaufswagen zu legen.«

Genauso verfahren Sie bei übermäßigem Verlangen nach Kaffee, Cola, Brause etc. Nehmen Sie eine Tasse/ein Glas des entsprechenden Getränks in die Hand, riechen Sie daran und klopfen dann z. B.:
- »Mein Verlangen, diesen Kaffee (diese Cola/Brause) jetzt zu trinken.«

Klopfen Sie jeweils so lange, bis das Verlangen aufgelöst ist. Seien es Süßigkeiten oder andere Genussmittel, wir haben in unseren Seminaren mit Hunderten von Menschen geklopft. Das Ergebnis ist immer gleich: Das Verlangen löst sich auf. Das bisherige Objekt der Begierde schmeckt plötzlich nicht mehr, ist zu süß oder einfach nur eklig. Was aber nicht heißen muss, dass Sie nie wieder naschen oder Kaffee trinken werden. Nein, es bedeutet lediglich, dass Sie wieder die Zügel in der Hand und die freie Wahl haben, ob und wann Sie Schokolade essen und wenn ja, wie viel davon.

Situation 43

Fitness

Wenn Sie bereits Sport treiben, sei es im Fitnesscenter oder zu Hause, sei es, dass Sie walken, joggen oder einer anderen körperlichen Betätigung nachgehen, können Sie diesen Abschnitt getrost überspringen. Er ist für diejenigen unter uns gedacht, die sich gern mehr bewegen würden, es aber nicht tun.

Mögliche Klopfsätze

Gefühle

- »Mein Ärger auf mich, weil ich mich nicht aufraffen kann.«
- »Mein Ärger auf mich, weil ich mich so hängen lasse.«
- »Meine Angst, in ein Fitnesscenter zu gehen.«
- »Meine Angst vor den vielen Leuten dort.«
- »Meine Angst, dass ich das nicht kann.«
- »Meine Angst, mich zu verletzen.«
- »Meine Angst, dass die anderen mich auslachen.« (Wie seinerzeit im Sportunterricht.)
- »Meine Angst/meine Scham, dass alle sehen, wie unsportlich ich bin.«
- »Meine Scham, mich mit meinem Körper zu zeigen.«
- »Ich habe keine Lust, mich sportlich zu betätigen.«

Glaubenssätze
- »Ich bin eben von Haus aus unsportlich.«
- »Im Sport war ich schon immer eine Niete.«
- »Ich habe keine Lust, mich zu bewegen.«
- »Ich habe keine Zeit, mich sportlich zu betätigen.«
- »Ich bin zu faul, um Sport zu machen.«
- »Das ist mir viel zu anstrengend.«
- »Ich bin abends immer so schlapp, dass ich mich nicht mehr aufraffen kann.«
- »Ich weiß überhaupt nicht, welchen Sport ich machen könnte.«
- »Das hat doch eh keinen Sinn.«
- »Mein Frust, weil ich doch nie bei der Stange bleibe.«

Wahlmöglichkeiten
- »Ich wähle, mir ab sofort Zeit zu nehmen, um mich mehr zu bewegen.«
- »Ich wähle, ab sofort körperliche Bewegung als leicht und angenehm zu erleben.«
- »Ich wähle, ab sofort körperliche Bewegung zu genießen.«
- »Ich wähle, ab sofort das Bedürfnis meines Körpers nach Bewegung ernst zu nehmen.«

Situation 44
Schlafstörungen

Schlafstörungen sind ein sehr weit verbreitetes Problem. Entweder hat man Probleme mit dem Einschlafen oder man wacht nachts häufig auf und kann nicht mehr einschlafen. Neben Müdigkeit am Tag können auch gesundheitliche Beeinträchtigungen eine unangenehme Folge der Schlafstörungen sein. Deren Ursache sind meistens Sorgen, Ängste, Kummer, Stress oder andere emotionale Belastungen. Unerledigte Dinge des Alltags, ein Streit, eine heikle Situation gehen einem immer wieder durch den Kopf. Das Gedankenkarussell dreht sich und ist durch nichts zu stoppen. Prüfen Sie also genau, was Ihnen den Schlaf raubt, und klopfen Sie gegebenenfalls die emotionalen Themen. Parallel können Sie zusätzlich Ihre Schlaflosigkeit beklopfen.

Mögliche Klopfsätze

- »Ich kann nicht einschlafen.«
- »Mein Ärger, weil ich nicht einschlafen kann.«
- »Meine Angst, dass ich nicht einschlafen kann.«
- »Meine Angst, dass ich heute Nacht wieder nicht schlafen kann.«
- »Meine Angst, dass ich wieder so oft aufwache.«
- »Meine Angst, dass ich wieder lange wach liege.«
- »Meine Angst vor den endlosen Gedanken in der Nacht.«
- »Mein Ärger auf mich, weil ich immer so viel grübele.«

Wahlmöglichkeiten
- »Ich wähle, ab sofort ruhig und friedlich zu schlafen.«

- »Ich wähle, ab sofort durchzuschlafen.«
- »Ich wähle, nachts völlig entspannt einzuschlafen.«
- »Ich wähle, mir zu gestatten, nachts durchzuschlafen.«
- »Ich wähle, ab sofort nachts durchschlafen zu können.«

Situation 45
Zähneknirschen

Statt ihren Ärger, ihre Wut, ihren Stress oder ihre Ängste tagsüber abzubauen, knirschen immer mehr Menschen, vor allem Frauen, in der Nacht mit den Zähnen. Dabei wird ein Gewicht von bis zu einer halben Tonne auf die Kiefergelenke ausgeübt. Zahnabrieb, Kopf- und Nackenschmerzen sowie Schädigungen des Kiefergelenks und des Zahnhalteapparats sind die Folgen.

Wenn Sie Ihren Stress und Ihre Emotionen regelmäßig beklopfen, fangen Sie an, sich – und damit auch Ihren Kauapparat – zu entspannen. Zusätzlich können Sie das Zähneknirschen direkt beklopfen. Dass das funktioniert, haben uns schon viele Seminarteilnehmer bestätigt. Versuchen Sie es doch auch einmal!

Mögliche Klopfsätze

- »Mein nächtliches Zähneknirschen.«
- »Mein Ärger/meine Wut, dass ich nachts mit den Zähnen knirsche.«

- »Nachts mit den Zähnen zu knirschen ist mir richtig peinlich.«
- »Meine Angst, dass ich schon bleibende Schäden davongetragen habe.«
- »Meine Angst, dass das nie aufhört.«

Situation 46
Nägelkauen

Als Reaktion auf Stress und Überforderung kauen rund dreißig Prozent aller Kinder und Jugendlichen sowie jeder zehnte Erwachsene an den Nägeln. Nägelknabbern hat etwas Selbstverletzendes und Aggressives. Aber die Beschäftigung mit sich selbst beruhigt, auch wenn es später wehtut. Ursachen oder Auslöser können sein die Geburt eines Geschwisters, Schwierigkeiten in der Schule, die Scheidung der Eltern, Stress bei der Arbeit, Minderwertigkeitsgefühle oder vielleicht Selbsthass. Beklopft werden sollte sowohl die belastende Situation als auch das Nägelkauen selbst.

Mögliche Klopfsätze

- »Mein blödes Nägelkauen.«
- »Es geht mir auf den Wecker, dass ich immer an den Nägeln kaue.«
- »Mein Zwang, immer wieder an den Nägeln herumzubeißen.«

- »Meine Wut auf mich, weil meine Finger so hässlich aussehen.«
- »Meine Scham, weil meine Finger so hässlich aussehen.«
- »Meine Verzweiflung, weil ich damit nicht aufhören kann.«

Situation 47
Arztbesuche, Krankenhausaufenthalte

Auch wenn man sowohl auf körperlicher als auch auf geistig-emotionaler Ebene alles für seine Gesundheit tut, kann man einmal krank werden oder einen Unfall erleiden, sodass ein Arztbesuch oder gar ein Krankenhausaufenthalt unerlässlich werden. Allein schon der Gedanke daran ist bei vielen angstbesetzt. Manche Menschen verweigern sogar den Arztbesuch, weil sie Angst vor dem haben, was auf sie zukommt, Angst vor der Untersuchung, vor dem Unbekannten, vor der Diagnose. Aber auch andere Gefühle können zum Tragen kommen.

Mögliche Klopfsätze

Gefühle

- »Meine Angst vor dem nächsten Arztbesuch.«
- »Meine Angst vor dem Arzt.«
- »Meine Angst, was da auf mich zukommt.«
- »Meine Angst vor der Untersuchung.«
- »Meine Angst, zur Vorsorge zu gehen.«

- »Meine Angst, dass der Arzt etwas Ernstes feststellt.«
- »Meine Angst vor den Instrumenten.«
- »Meine Angst vor der Diagnose.«
- »Meine Angst, dass dann mein Blutdruck wieder steigt.«
- »Meine Befangenheit, wenn ich in die Praxis komme.«
- »Meine Scham, mich beim Arzt auszuziehen.«
- »Meine Scham, mich vom Arzt untersuchen zu lassen.«
- »Mein Ärger auf meinen Arzt, weil er gesagt hat, ich sei zu dick.«
- »Mein Ärger auf meinen Arzt, weil er bei der letzten Untersuchung so grob war.«
- »Mein Ärger auf meinen Arzt, weil er mich nie anschaut.«
- »Mein Ärger auf meinen Arzt, weil er immer mit seinem Computer beschäftigt ist.«
- »Mein Ärger auf meinen Arzt, weil er nie Zeit für mich hat.«
- »Mein Ärger auf meinen Arzt, weil er mich belogen hat.«
- »Meine Trauer, immer so abgefertigt zu werden.«
- »Meine Trauer über die Diagnose.«

Glaubenssätze
- »Ärzte haben immer recht.«
- »Der Arzt kann mich retten.«
- »Was mein Arzt sagt, stimmt immer.«

Soweit sie auf Sie zutreffen, können Sie alle diese Klopfsätze auch auf einen Krankenhausaufenthalt anwenden. Zusätzlich können Sie noch folgende Sätze beklopfen:
- »Meine Angst vor dem anonymen Krankenhausbetrieb.«
- »Meine Angst vor den Krankenschwestern/Pflegern.«
- »Meine Angst vor der Visite.«
- »Meine Angst, bei der Visite etwas zu sagen/fragen.«
- »Meine Scham, wenn mich bei der Visite alle anschauen.«
- »Meine Angst vor der Operation.«
- »Meine Angst, dass ich nicht wieder aufwache.«
- »Mein Ärger über die Ärzte, weil sie nie etwas sagen.«
- »Mein Ärger über die Ärzte, weil sie so kurz angebunden sind.«

In einer Gruppenübung im Anschluss an einen unserer Vorträge beklopfte einmal eine Zuhörerin ihre Angst vor einer notwendigen (und immer wieder auf die lange Bank geschobenen) Operation. Nach nur einer Klopfrunde rief sie laut und vernehmlich aus: »Schiebt mich in den OP!«

Körper und Sexualität

Die Sexualität ist ein bedeutender Ausdruck unserer Lebensenergie. Sie ist eng mit unserem Lustempfinden verknüpft und befähigt uns, Leben zu schenken. Viele Menschen haben jedoch ein blockiertes Verhältnis zu ihrer Sexualität. Eine prüde, schambesetzte, verklemmte Erziehung, die Erklärung der Sexualität zur Sünde, ihre Tabuisierung sowie eine körperfeindliche Erziehung, aber auch traumatische Erlebnisse können die Gründe sein. Wenn die Sexualenergie jedoch blockiert ist, wird der Mensch krank, seelisch oder auch körperlich. Die Lebensfreude zieht sich zunehmend zurück, Frust und Verbitterung geben den Ton an. Dabei sind ein liebevolles Verhältnis zum eigenen Körper und Freude an der Sexualität Voraussetzungen für ein entspanntes, zufriedenes Leben. Auf die Sexualität in langfristigen Beziehungen gehen wir im Kapitel »Partnerschaft« ein. In diesem möchten wir Ihnen kleine Hilfestellungen in Bezug auf Ihr Verhältnis zum Körper und zur Geschlechtlichkeit im Allgemeinen geben. Bei größeren Problemen oder traumatischen Erfahrungen sollten Sie gegebenenfalls therapeutische Unterstützung in Anspruch nehmen.

Situation 48
Ablehnung des eigenen Körpers

Bei vielen Menschen ist das Verhältnis zum eigenen Körper belastet. Sie mögen ihn nicht, hassen ihn als Ganzes oder Teile davon. Im Rahmen unserer therapeutischen Tätigkeit fällt uns immer wieder auf, wie viele Menschen ihren Körper als etwas von sich Getrenntes betrachten. Besonders deutlich wird diese Abspaltung, wenn es um organische Krankheiten geht: Wie, dieser blöde Körper will schon wieder nicht richtig funktionieren? Man entwickelt Ärger, Wut und Hass auf den Körper, statt liebevoll mit sich umzugehen. Zudem herrscht heute vielfach eine Art Ersatzteilmentalität: Was defekt ist oder nicht gefällt, wird entfernt und/oder ausgetauscht. Andererseits ist aber glücklicherweise auch zu beobachten, dass sich das Bewusstsein dafür, dass der Körper die Wohnstatt unserer Seele und unseres Geistes ist, zunehmend ausbreitet. Immer mehr Menschen achten heute darauf, dass sie sich ausreichend bewegen, sich gesund ernähren und ihren Körper nicht mit Nikotin oder anderen Schadstoffen vergiften. Gesundheit und ein natürliches Verhältnis zum Körper sind angesagt. Und das ist auch gut so, denn erst wenn Sie ein wirklich liebevolles Verhältnis zu Ihrem Körper haben und eins mit ihm sind, werden Sie sich mit ihm wohlfühlen und die Voraussetzungen für Ihre Gesundheit und ein natürliches Verhältnis zu Ihrer Sexualität schaffen. MET unterstützt Sie in diesem Prozess.

Mögliche Klopfsätze

- »Ich hasse meinen Körper.«
- »Ich hasse meinen Körper, weil er so unförmig ist.«
- »Ich hasse meinen Körper, weil er so dick ist.«
- »Ich hasse meinen Körper, weil er so dünn ist.«
- »Ich hasse meinen Körper, weil er immer krank ist.«
- »Ich mag meinen Busen nicht, weil er zu klein/zu groß ist.«
- »Ich finde meinen Hintern doof.«
- »Ich schäme mich für meinen dicken Hintern.«
- »Ich hasse meinen Schwabbelbauch.«
- »Ich ekle mich vor meinem Körper.«
- »Ich schäme mich für meinen Körper.«
- »Ich schäme mich, weil ich so klein bin.«
- »Ich schäme mich, weil ich so dick bin.«
- »Ich ekle mich vor meinen Genitalien.«
- »Ich schäme mich für meine Genitalien.«
- »Ich schäme mich für meine Orangenhaut.«

Wahlmöglichkeiten
- »Ich wähle, ab sofort meinen Körper so anzunehmen, wie er ist.«
- »Ich wähle, (mir ab sofort zu gestatten), meinen Körper zu lieben.«
- »Ich wähle, (mir ab sofort zu gestatten), mich in meinem Körper wohlzufühlen.«

- »Ich wähle, (mir ab sofort zu gestatten), meinen Körper zu genießen.«
- »Ich wähle, ab sofort meinen Körper als Wohnstatt meiner Seele zu ehren und zu achten.«

Situation 49
Die eigene Sexualität

Wenn Sie eins sind mit Ihrem Körper und wenn Sie Ihre Sexualität so richtig genießen können, ist dieses Kapitel nicht für Sie gedacht. Sollten aber Angst und Scham Ihr Verhältnis zu Ihrer Geschlechtlichkeit beherrschen, dann besteht eindeutig Klopfbedarf. Sofern jedoch negative sexuelle Erfahrungen oder traumatische Ereignisse vorliegen, sollten Sie ggf. therapeutische Unterstützung in Anspruch nehmen.

Mögliche Klopfsätze

- »Meine Angst vor Sex.«
- »Meine Angst, mich hinzugeben.«
- »Meine Angst, die Kontrolle über mich zu verlieren.«
- »Meine Angst, Lust zu empfinden.«
- »Meine Angst vor Männern/Frauen.«
- »Meine Angst vor der Sexualität des Mannes/der Frau.«
- »Meine Angst vor Strafe, wenn ich meine Sexualität lebe.«

- »Meine Angst vor Strafe, wenn ich Lust empfinde.«
- »Mein Frust, weil ich keinen Sex habe.«
- »Meine Scham, Lust zu empfinden.«
- »Ich schäme mich für meine Sexualität.«
- »Ich schäme mich für meine Lust.«
- »Mein Ekel vor Sex.«
- »Mein Ekel vor der männlichen/weiblichen Sexualität.«
- »Mein Ekel vor meiner Sexualität.«
- »Meine Schuldgefühle, weil ich Lust empfinde.«
- »Meine Schuldgefühle, weil ich Spaß am Sex habe.«
- »Meine Schuldgefühle, dass ich mich selbst befriedige.«
- »Meine Trauer, weil ich noch nie einen sexuellen Höhepunkt hatte.«
- »Meine Trauer, weil ich so schüchtern bin.«

Glaubenssätze
- »Sexualität ist Sünde.«
- »Sex ist schmutzig.«
- »Sex ist nur zum Kindermachen da.«
- »Sex darf keinen Spaß machen.«
- »Sexualität ist nicht wichtig.«
- »Kein Mensch braucht Sex.«

Lampenfieber/Sprechangst

Immer wieder kommen wir in die Situation, vor Menschen sprechen zu müssen. Dies kann privat auf einer Familienfeier oder einem Jubiläum der Fall sein oder professionell als Vortragsredner, bei einer Präsentation, als Schauspieler oder Musiker auf der Bühne oder als Bewerber in einem Casting. Für die wenigsten Menschen ist dies ein freudvoller Augenblick. Meistens bestimmen Angst und Aufregung das Geschehen. Und so sehen dann auch die körperlichen Symptome aus: Man schwitzt, zittert, ist unruhig, bekommt Durchfall oder vermehrten Harndrang, die Beine drohen zu versagen, das Herz klopft und manch einer ist einer Ohnmacht nahe. Alles andere als angenehm und keine guten Voraussetzungen für einen gelungenen Auftritt.

Situation 50
Schon einmal durchgefallen, versagt, abgelehnt worden?

Wenn Sie Schauspieler, Sänger, Musiker oder Tänzer sind oder schon einmal an einem Casting teilgenommen haben, kennen Sie die Situation: Sie sollen einen Text vorsprechen, ein Lied vortragen, auf Ihrem Instrument zeigen, was Sie können, oder etwas vortanzen. Nicht nur, dass Sie aufgeregt sind und unsicher, ob auch alles klappt. Nein, neben Ihnen gibt es noch viele andere Mitbewerber um die Gunst der Entscheider. Alles in allem ist das zweifellos eine ziemlich stressige Situation.

Wenn Sie Ihr Können schon öfter demonstriert haben und (womöglich wiederholt) abgewiesen wurden, hinterlässt dies seine Spuren in Form negativer Gefühle. Diese sollten Sie beklopfen, bevor Sie in die nächste Runde gehen.

Mögliche Klopfsätze

- »Mein Frust, weil ich damals durchgefallen bin.«
- »Mein Ärger auf mich, dass ich damals versagt habe.«
- »Mein Ärger auf mich, weil ich es damals vermasselt habe.«
- »Mein Ärger auf mich, weil ich damals falsch gesungen habe.«
- »Mein Ärger auf mich, weil mich an der entscheidenden Stelle verspielt habe.«
- »Mein Ärger auf mich, weil ich den Text vergessen hatte.«
- »Meine Trauer, dass es damals nicht geklappt hat.«
- »Meine Trauer, dass ich so viel Zeit verloren habe.«
- »Meine Angst, dass mir das wieder passiert.«
- »Meine Wut auf die Prüfer/die Juroren, weil sie mich damals so beurteilt haben.«
- »Meine Verzweiflung, dass es nicht geklappt hat.«

- »Ich könnte immer noch ausrasten, weil es damals nicht geklappt hat!«
- »Meine riesengroße Enttäuschung, dass ich damals durchgefallen bin.«
- »Meine riesengroße Enttäuschung, dass ich schon einmal rausgeflogen bin.«
- »Meine Enttäuschung, weil ich es vermasselt habe.«

Situation 51
Vor dem Auftritt
Sobald Sie Ihr Negativerlebnis klopfend verarbeitet haben, können Sie sich mit dem aktuellen Ereignis befassen.

Mögliche Klopfsätze

- »Ich habe Lampenfieber.«
- »Ich bin so aufgeregt!«
- »Es ist alles zu viel!«
- »Das packe ich nicht!«
- »Meine Angst, dass es (wieder) schiefgeht.«
- »Meine Angst, dass ich (wieder) abgelehnt werde.«
- »Meine Angst, mich (wieder) zu versprechen/ versingen/verspielen.«
- »Meine Angst, dass ich weiche Knie bekomme.«
- »Meine Angst, dass mir die Stimme wegbleibt.«

- »Meine Angst, dass ich den Ton nicht treffe.«
- »Ich bin ganz zittrig vor Angst/Aufregung.«
- »Meine Angst, dass die anderen meine Aufregung sehen können.«
- »Meine Angst, mich zu verspielen.«
- »Meine Angst vor den Prüfern/vor der Jury.«
- »Meine Angst, mich vor der Jury zu blamieren.«
- »Meine Angst zu versagen.«
- »Meine Angst vor den Mitbewerbern.«
- »Meine Angst, eine Absage/ein Nein zu erhalten.«
- »Meine Angst, es nicht zu schaffen.«
- »Das geht bestimmt schief!«
- »Ich ersticke vor Angst.«
- »Mein Ärger auf mich, weil ich so zittrig bin.«
- »Mein Ärger über meine Nervosität.«
- »Mein Ärger auf mich, dass ich nicht einfach gelassen sein kann.«
- »Meine Verzweiflung, weil ich so aufgeregt bin.«
- »Mein Neid auf die anderen, weil die besser sind.«

Situation 52

Premiere

Man hat den Text oder das Musikstück gelernt, die Proben sind hervorragend gelaufen. Jetzt steht die Premiere ins Haus. Für die meisten Schauspieler und Musiker ist das ein Albtraum, auch wenn sie bereits über langjährige Erfahrungen verfügen, denn es hängt eben sehr viel davon ab. Jetzt zeigt sich, ob das Stück bzw. die musikalische Leistung beim Publikum ankommt. Im Folgenden schlagen wir Ihnen Klopfsätze für die Premiere vor. Sinngemäß gelten die meisten davon natürlich auch für jede andere Vorstellung oder Aufführung.

Mögliche Klopfsätze

- »Meine Angst vor der Premiere.«
- »Ich habe Lampenfieber.«
- »Meine Angst, mich zu versprechen.«
- »Meine Angst, den Text zu vergessen.«
- »Meine Angst, mich zu verspielen.«
- »Meine Angst, dass das Zusammenspiel mit dem Orchester nicht klappt.«
- »Meine Angst, dass das Stück beim Publikum durchfällt.«
- »Meine Angst, dass wir ausgebuht werden.«
- »Meine Angst, dass das Stück ein Reinfall wird.«
- »Meine Angst, dass wir schlecht spielen und das Stück abgesetzt wird.«
- »Meine große Aufregung.«
- »Mein Gott, ich bin so zittrig.«
- »Das wird nie etwas!«
- »Ich kriege kaum Luft vor Aufregung.«
- »Mein Ärger auf mich, weil ich so zittrig bin.«
- »Mein Ärger über meine Nervosität.«
- »Meine Verzweiflung, weil ich so aufgeregt bin.«

Situation 53
Präsentationen, Reden, öffentliche Auftritte

Angenommen, Sie müssen beruflich bei einer der genannten Gelegenheiten vor anderen Menschen sprechen. Dann kann es sein, dass die Angst Ihnen zu schaffen macht und das Ereignis wie eine dunkle Gewitterwolke über Ihnen hängt.

Mögliche Klopfsätze

- »Meine Angst vor der Angst.«
- »Meine Angst, diesen Vortrag zu halten.«
- »Ich bin so schrecklich aufgeregt.«
- »Meine Angst, vor anderen Menschen zu sprechen.«
- »Meine Angst, vor so vielen Menschen zu sprechen.«
- »Meine Angst, vor fremden Menschen zu sprechen.«
- »Meine Angst, vor unbekannten Menschen zu sprechen.«
- »Meine Angst vor dem Publikum.«
- »Meine Angst, mich (wieder) zu blamieren.«
- »Meine Angst zu versagen.«
- »Meine Angst, nicht weiterzuwissen.«
- »Meine Angst vor einem Blackout.«
- »Meine Angst, rot zu werden.«
- »Meine Angst zu zittern.«
- »Meine Angst, dass ich schwitze.«

- »Meine Angst, kritisiert zu werden.«
- »Meine Angst, abgelehnt zu werden.«
- »Meine Angst, vor meinem Chef/vor dem Team zu sprechen.«
- »Meine Angst, derart im Mittelpunkt zu stehen.«
- »Meine Angst, dass mich alle angucken.«
- »Meine Angst, dass die anderen meine Angst/Aufregung sehen.«
- »Meine Angst, ohnmächtig zu werden.«
- »Meine Angst, dass ich wieder einen Panikanfall kriege.«
- »Meine Angst, den Boden unter den Füßen zu verlieren.«
- »Meine Angst, (wieder) beschämt zu werden.«
- »Meine Angst vor dem öffentlichen Auftritt.«
- »Meine Angst, die Kontrolle zu verlieren.«
- »Meine Scham, im Mittelpunkt zu stehen.«

Situation 54

Familienfeiern

Runde Geburtstage, Hochzeiten oder wichtige Jubiläen sind alles Anlässe, die wir Menschen gern gemeinsam feiern.

Sie planen, bei einer solchen Gelegenheit im erweiterten Familienkreis ein Gedicht vorzutragen, eine Rede zu halten oder irgendetwas anderes zum Besten zu geben, bekommen aber allein schon bei dem Gedanken daran kalte Füße?

Mögliche Klopfsätze

- »Mein Lampenfieber.«
- »Meine Angst, vor mir vertrauten Menschen zu sprechen.«
- »Meine Angst, bei Familienfeiern eine Rede zu halten.«
- »Meine Angst, dass mir mein Text nicht einfällt.«
- »Meine Angst, mich zu versprechen.«
- »Meine Angst, dass es mir die Kehle zuschnürt.«
- »Meine Angst, rot zu werden.«
- »Meine Angst, mich zu blamieren.«
- »Meine Angst, zu zittern.«
- »Meine Angst, im Mittelpunkt zu stehen.«
- »Meine Angst, weil die mich alle angucken.«
- »Meine Angst, dass mir die Stimme versagt.«
- »Meine Angst, dass die mich auslachen.«
- »Meine Angst, mich lächerlich zu machen.«
- »Meine Scham, mich so vorzudrängen.«

Wahlmöglichkeiten

Sobald Sie Ihre negativen Gefühle aufgelöst haben und sich in einem Zustand der Entspannung befinden, wenn Sie an Ihren Auftritt denken, können Sie dieses Wohlgefühl mit Wahlsätzen noch verstärken:

- »Ich wähle, (beim Vorsprechen, Vorsingen, Vorspielen, Casting) entspannt und locker zu sein.«
- »Ich wähle, die Premiere/den Auftritt zu genießen.«

- »Ich wähle, während des Vortrags ruhig und gelassen zu sein.«
- »Ich wähle, Zugang zu all meinem Wissen zu haben.«
- »Ich wähle, den Text frei und fließend vorzusprechen.«
- »Ich wähle, das Lied mit viel Gefühl vorzutragen.«
- »Ich wähle, das Stück voller Virtuosität vorzuspielen.«
- »Ich wähle, meine Darbietung zu genießen.«
- »Ich wähle zu genießen, dass ich im Mittelpunkt stehe.«
- »Ich wähle, mich an meiner Kreativität zu erfreuen.«

Notsituationen

Auf Verluste und andere Katastrophen könnten wir Menschen gut und gern verzichten. Aus unserer irdischen Wirklichkeit sind sie aber nicht wegzudenken. Wenn wir dem Zyklus des Lebens folgen, gibt es immer wieder viel Heiteres, aber leider eben auch Trauriges. Manchmal verwandeln sich angenehme Situationen auch von jetzt auf gleich in ihr Gegenteil. Eben waren wir noch aufs Freudvollste mit Menschen verbunden, im nächsten Augenblick stößt ihnen etwas zu, und wir müssen uns für immer von ihnen verabschieden.

Glücklicherweise sind wir Menschen in der Lage, Unfälle, Katastrophen und andere Schrecknisse wegzustecken bzw. zu verdrängen. Dann sind sie zwar nicht verarbeitet, zumindest aber kann man im Alltag wieder einigermaßen funktionieren. Das Klopfen stellt eine geeignete Möglichkeit dar, Ihnen auch in Extremsituationen den schlimmsten emotionalen Druck, die Trauer, die Wut, die Enttäuschung, zu erleichtern oder sogar zu nehmen, damit Sie Ihr Leben wieder genießen können.

Situation **55**
Verlust eines geliebten Menschen
Zu den schlimmsten Erfahrungen gehört es, einen geliebten Menschen durch den Tod zu verlieren. Ein der-

artiges Ereignis löst zunächst einmal heftige Gefühle aus: Schock, Entsetzen, Fassungslosigkeit und Trauer. Das sind alles ganz natürliche Reaktionen. Wenn sie jedoch so stark sind, dass der Betreffende meint, sie kaum aushalten und seinen Alltag nicht mehr bewältigen zu können, kann das Klopfen gute Dienste leisten. Mit MET lassen sich Schock, Entsetzen, Verzweiflung und Fassungslosigkeit schnell überwinden.

Begleitet wird der Schock häufig von Abwehrreaktionen: Man will das Geschehene nicht wahrhaben. Im weiteren Verlauf der Verarbeitung des Verlustes kann es abwechselnd zu Trauer, Wut, Freude, Zorn oder Angstgefühlen kommen. Eventuell sucht man nach Verantwortlichen (Arzt, Pflegepersonal, Unfallgegner etc.). Bestanden zum Zeitpunkt des Todes noch ungelöste Probleme mit dem/der Verstorbenen, kann es bei den Hinterbliebenen zu Schuldgefühlen kommen. Das Erleben und Zulassen von Ärger und Wut in Bezug auf den Verstorbenen ist ein wichtiger Teil der Trauerarbeit.

Natürlich ist es ein Unterschied, ob Sie einen Menschen völlig unerwartet, etwa durch einen Unfall, verloren haben oder aufgrund einer langen Krankheit, die Ihnen die Gelegenheit gab, sich auf den Abschied vorzubereiten.

Stimmen Sie die Sätze, die wir Ihnen vorschlagen, bitte genau auf Ihre persönliche Thematik ab. Bei einem plötzlichen Verlust wird der Schock größer sein als bei einem vorhersehbaren Tod. Insofern werden Sie wahrscheinlich den Schock länger beklopfen. Je nachdem, in welchem Verhältnis Sie zu dem Verstorbenen standen, gibt es in Bezug auf die verschiedenen Emotionen bestimmt graduelle Unterschiede. Der Tod naher Verwandter oder gar des Ehepartners geht einem mit Sicherheit näher als der Tod eines flüchtigen Bekannten. Wichtig ist es in jedem Fall, im Zuge der Trauerarbeit sämtliche negativen Gefühle aufzulösen. Denn wenn Ihnen dies nicht gelingt, laufen Sie Gefahr, melancholisch zu werden oder an Depressionen und Antriebslosigkeit zu leiden. Dann erscheint Ihnen womöglich alles sinnlos und Sie haben nur noch den Wunsch, ebenfalls zu sterben.

In einen Zustand der Harmonie, des Friedens und Einverstandenseins können Sie aber erst kommen, wenn alle negativen Gefühle und Gedanken aufgelöst sind. Dann befinden Sie sich wieder auf der positiven Seite des Lebens, und dann macht Ihnen Ihr Leben auch wieder Freude.

Mögliche Klopfsätze für die Anfangsphase

- »Das darf nicht wahr sein!«
- »Das ist bestimmt nur ein böser Traum!«
- »Morgen wache ich auf, und dann war alles nur ein böser Traum.«
- »Mein Schock über die Nachricht.«
- »Mein Entsetzen/mein Schock, dass das passiert ist.«
- »Mein Entsetzen/mein Schock, dass XY tot ist.«
- »Ich bin völlig fassungslos über den Tod von XY.«

Mögliche Klopfsätze für die zweite Phase

- »Meine Schuldgefühle, wenn ich meine Trauer auflöse.«
- »Meine Angst, dass ich XY vergesse, wenn ich meine Trauer auflöse.«
- »Meine Angst, dass ich XY verrate, wenn ich meine Trauer beklopfe.«
- »Meine Angst, ohne XY weiterleben zu müssen.«
- »Ich will meine Trauer gar nicht auflösen.«
- »Meine (tiefe) Trauer, dass XY nicht mehr da ist.«
- »Meine Trauer, dass XY gegangen ist.«
- »Meine Trauer, dass ich XY nie mehr wiedersehe.«
- »Meine Trauer, dass ich nie wieder mit XY sprechen kann.«
- »Meine Trauer über die Endgültigkeit.«
- »Meine Trauer über die Vergänglichkeit des Lebens.«
- »Meine Trauer, dass ich XY nie gesagt habe, wie sehr ich ihn/sie liebe.«
- »Meine Trauer, dass wir uns nicht mehr versöhnen konnten.«
- »Meine Trauer, dass wir uns nicht mehr aussprechen konnten.«
- »Meine Trauer, dass so vieles ungesagt bleibt.«
- »Meine Trauer, dass ich die schönen Augen von XY nie mehr sehen werde.«
- »Meine Trauer, dass ich XY nie mehr berühren kann.«

- »Meine Trauer, dass die schöne Zeit mit XY vorbei ist.«
- »Es ist alles so sinnlos geworden!«
- »Das Leben hat für mich jetzt keinen Sinn mehr.«
- »Meine Verzweiflung, dass ich jetzt allein bin.«
- »Meine Verzweiflung, dass XY nie mehr wiederkommt.«
- »Meine Hilflosigkeit/mein Ärger, weil ich XY nicht zurückholen kann.«
- »Mein Ärger/meine Wut, dass XY einfach gegangen ist.«
- »Mein Ärger/meine Wut, dass XY nicht mehr da ist.«
- »Mein Ärger/meine Wut, dass XY mich einfach allein gelassen hat.«
- »Meine Wut/mein Zorn auf die Ärzte/das Pflegepersonal, dass sie das zugelassen haben.«
- »Meine Schuldgefühle, weil ich XY im Stich gelassen habe.«
- »Meine Schuldgefühle, weil ich nicht da war, als XY starb.«
- »Meine Schuldgefühle, weil ich XY in ein Pflegeheim gegeben habe.«

Mögliche Klopfsätze für die weitere Trauerarbeit

- »Warum bist du bloß schon gegangen?« (Vorwurf)
- »Ich vermisse dich so!« (Verzweiflung)
- »Du fehlst mir so!« (Verzweiflung)

- »Ohne dich hat das Leben keinen Sinn mehr!« (Verzweiflung)
- »Über diesen Verlust komme ich nie hinweg!«
- »Meine Trauer über die Vergänglichkeit/ Endlichkeit aller Dinge/allen Lebens.«
- »Mein Leben hat keinen Sinn mehr.« (Resignation)
- »Es hat eh alles keinen Zweck mehr.«

Folgende Gedanken stellen *mögliche Hindernisse auf dem Weg eines gesunden Ablösungsprozesses* dar und sollten daher beklopft werden:
- »Ich darf diese Trauer nicht auflösen.«
- »Ich muss um XY trauern, sonst vergesse ich ihn.«
- »Ich muss um XY trauern, das bin ich ihm schuldig.«

Situation 56
Tod eines Haustieres
Der Tod oder Verlust eines Haustieres kann ebenfalls ein tragisches Ereignis sein. Aber auch diese Trauer lässt sich mit MET erfolgreich verarbeiten.

Mögliche Klopfsätze

- »Meine Trauer, dass meine Katze/mein Hund etc. gestorben ist.«
- »Meine Trauer, dass dieses schöne Tier einfach nicht mehr da ist.«

- »Meine Trauer, dass ich ihm/ihr nie wieder etwas zu fressen geben kann.«
- »Meine Trauer, dass ich nie wieder mit ihm/ihr spielen kann.«
- »Meine Trauer, dass dieser treue Begleiter nun nicht mehr da ist.«
- »Meine Trauer, dass sein/ihr Leben einfach vorbei ist.«
- »Meine Verzweiflung, weil mein (Name des Tieres) nicht mehr da ist.«

Situation 57
Verzweiflung und Suizidgedanken

Im Leben vieler Menschen gibt es immer wieder Phasen, die durch Verzweiflung und scheinbare Ausweglosigkeit gekennzeichnet sind und in denen ihnen alles sinnlos vorkommt. Auslöser sind häufig Verlusterfahrungen: der Verlust des Partners, des Arbeitsplatzes oder Einbußen auf finanziellem Gebiet bzw. Schulden. Der Freitod scheint dann oft der einzige Ausweg zu sein. Vielleicht ist man aber auch einfach »nur« einsam, hat niemanden zum Reden und weiß deshalb nicht mehr ein noch aus.

Mithilfe von MET können Sie sich in solchen Phasen regelrecht ins Leben zurückklopfen.

Mögliche Klopfsätze bei Verlust des Partners

- »Meine Verzweiflung, weil XY mich verlassen hat.«
- »Ohne XY kann ich nicht leben!«
- »Meine Trauer/meine Wut, dass XY mich verlassen hat.«
- »Ich bringe mich um!« (Dann kann XY sehen, was er an mir gehabt hat!)
- »Ich will nicht mehr leben!«

Mögliche Klopfsätze bei Schulden und finanziellen Verlusten

- »Meine Verzweiflung, weil ich so viele Schulden habe.«
- »Meine Verzweiflung, weil ich so viel Geld (an der Börse) verloren habe.«
- »Meine Verzweiflung, weil ich mich verspekuliert habe.«
- »Meine Verzweiflung, weil ich so einen Mist gebaut habe.«
- »Ich bin so verzweifelt, weil es keinen Ausweg gibt!«
- »Diese Schulden bringen mich um.«
- »Ich will nicht mehr leben.«
- »Das Leben ist so sinnlos!«
- »Es hat doch eh alles keinen Sinn!«
- »Da komme ich lebend nicht mehr raus.«
- »Meine Scham, weil ich so viele Schulden habe.«
- »Diese hohen Verluste – was für eine Schande.«

Mögliche Klopfsätze bei bedrückender Einsamkeit

- »Ich bin so einsam.«
- »Meine Trauer/meine Verzweiflung, weil ich so einsam bin.«
- »Meine Trauer/meine Verzweiflung, weil ich niemanden kenne.«
- »Meine Trauer/meine Verzweiflung, weil mich niemand mag.«
- »Meine Wut auf das Leben.«
- »Meine Wut auf alles Leben.«
- »Meine Wut auf die anderen, weil es denen so gut geht.«

Wahlmöglichkeiten
- »Ich wähle, ab sofort zu wissen, dass es immer einen Ausweg gibt.«
- »Ich wähle, ab sofort zu wissen, dass es für alles eine Lösung gibt.«
- »Ich wähle, diese Krise ab sofort als einmalige Chance zu nutzen.«
- »Ich wähle ab sofort mit Begeisterung einen Neuanfang.«
- »Ich wähle, mich ab sofort dem Leben zu öffnen.«
- »Ich wähle, ab sofort ja zum Leben zu sagen.«
- »Ich wähle, ab sofort das Leben zu umarmen.«

Wenn Sie es aus eigener Kraft nicht schaffen, sollten Sie sich MET-therapeutischer oder anderer professioneller

Unterstützung versichern. Sollten Sie sich dafür schämen, dass Sie nicht allein klarkommen, dann beklopfen Sie bitte diese Scham oder die Scham darüber, dass Sie fremde Hilfe brauchen:

- »Meine Scham, dass ich alleine nicht klarkomme.«
- »Meine Scham, dass ich fremde Hilfe brauche.«
- »Meine Angst/Scham, mir Hilfe zu holen.«
- »Meine Scham, dass ich so schwach bin und Hilfe brauche.«

Situation 58
Schlechte Nachrichten

Auch der Erhalt schlechter Nachrichten kann das Energiesystem durcheinanderbringen und für Schock, Trauer, Ängste, Ärger und andere negative Gefühle sorgen. Vermutlich haben Sie selbst auch schon solche Hiobsbotschaften erhalten: eine Kündigung vielleicht, eine Absage, die Nachricht über den Tod eines geliebten Menschen (siehe Situation 55), das niederschmetternde Ergebnis einer Steuerprüfung. Vielleicht ist Ihnen auch zu Ohren gekommen, dass man schlecht über Sie redet oder Gerüchte über Sie verbreitet etc.

Am 13. September 2001, zwei Tage nachdem die Twin Towers in New York in sich zusammengebrochen und die Menschen auf der ganzen Welt im Schock waren, haben wir einen Klopfabend angeboten. Zusammen mit den Teilnehmern haben wir den Schock, die Trauer, die Ängste, Ärger, Wut und Hass beklopft. Es war eine sehr intensive Erfahrung, als sich diese negativen Gefühle aufgelöst hatten und Frieden, Freude und Zuversichtlichkeit im Raum waren und die Menschen dem Leben wieder positiv gegenüberstanden.

Mögliche Klopfsätze

- »Mein Schock über diese Nachricht!«
- »Ich kann es nicht fassen!«
- »Ich glaube das einfach nicht.«
- »Ich kann/will das nicht glauben.«
- »Das kann doch nicht wahr sein!«
- »Ich bin so entsetzt, dass das passieren konnte!«
- »Meine Trauer über diese Nachricht.«
- »Meine Wut, dass das passiert ist.«
- »Meine Angst, was das für Konsequenzen hat.«
- »Meine Verzweiflung/mein Ärger über die Kündigung/die Ablehnung etc.«
- »Meine Fassungslosigkeit, dass so etwas überhaupt möglich ist.«

Sie werden merken, dass das Beklopfen Ihres negativen Gefühlszustands zu innerer Ruhe und Gelassenheit führt, die Ihnen die Gewissheit geben, dass es für alles eine Lösung gibt. Sie sind wieder in Ihrer Kraft. Und aus der Kraft heraus lässt sich alles bewältigen.

Partnerschaft

Nichts wird so eifrig besungen wie die Liebe: die Sehnsucht danach, die verflossene oder die gerade bestehende. Poeten haben ihr ganze Gedichtbände gewidmet.

Ob vor, während oder nach einer Partnerschaft, immer gilt: Dieser Lebensbereich wird von einer Menge tiefer Gefühle begleitet. Und wir möchten Ihnen zeigen, wie Sie leichter damit umgehen können.

Vor einer Partnerschaft

Sie sind Single und möchten gern (wieder) eine Beziehung eingehen. Wenn Sie schon eine oder mehrere Partnerschaften hinter sich haben, muss diese Zeit zunächst einmal emotional bereinigt werden, da nicht aufgelöste Trauer, Wut, Hass sowie Ängste verhindern, dass Sie sich überhaupt auf eine neue Partnerschaft einlassen können.

Situation 59
Vergangene Beziehungen bewältigen
Spüren Sie also genau nach, ob Sie in Bezug auf eine Ihrer vergangenen Beziehungen noch unerledigte Gefühle haben.

Mögliche Klopfsätze

- »Meine Trauer, dass XY mich verlassen hat.«
- »Meine Trauer, dass die Beziehung mit XY nicht gehalten hat.«
- »Meine Trauer, dass wir es nicht geschafft haben.«
- »Meine Trauer, dass ich (wieder) versagt habe.«
- »Meine Trauer, dass ich (wieder) allein bin.«
- »Mein Ärger auf XY, dass er/sie sich von mir getrennt hat.«
- »Mein Ärger auf XY, dass er/sie sich so blöd verhalten hat.«
- »Mein Ärger auf XY, dass er/sie mich so schlecht behandelt hat.«
- »Meine Wut auf XY, dass er/sie so selbstherrlich ist.«
- »Meine Verachtung für diesen Idioten/diese blöde Kuh.«
- »Ich fühle mich schuldig, die Trennung herbeigeführt zu haben.«
- »Meine Schuldgefühle, weil ich so wenig für die Beziehung getan habe.«
- »Mein Frust/meine Resignation, dass ich das nie hinkriege.«

Situation 60
Eine neue Beziehung eingehen

Wenn Sie auf diese Weise Ihre Gefühle gegenüber vergangenen Ereignissen geklärt haben, können Sie sich der angestrebten neuen Partnerschaft widmen. Wie ist

Ihnen zumute, wenn Sie daran denken, eine neue Beziehung einzugehen? Wenn Sie voller Freude und Zuversicht sind, brauchen Sie natürlich nicht zu klopfen. Wenn aber Angst im Spiel ist schon.

Mögliche Klopfsätze

- »Meine Angst, eine neue Partnerschaft einzugehen.«
- »Meine Angst, dann wieder verlassen zu werden.«
- »Meine Angst, dann wieder verletzt zu werden.«
- »Meine Angst, dann wieder allein zu sein.«
- »Meine Angst, dass mich eh keine/r will.«
- »Meine Angst, abgewiesen zu werden.«
- »Meine Angst, wieder zu versagen.«
- »Meine Angst, dass ich niemanden finde.«

Glaubenssätze und Überzeugungen:

- »Mich will eh keiner.«
- »Ich bin überhaupt nicht attraktiv.«
- »Ich habe sowieso immer Pech bei den Frauen/Männern.«
- »Ich habe eine glückliche Partnerschaft gar nicht verdient.«
- »Ich brauche sowieso keinen Mann/keine Frau.«
- »Ich komme auch gut alleine klar.«
- »Mit Männern/Frauen hat man eh nur Probleme.«

Während einer Partnerschaft

Kaum einen anderen Menschen lassen Sie so nahe an sich heran wie Ihren Partner/Ihre Partnerin. Doch Ängste, Missverständnisse und daraus resultierende Streitigkeiten können das Zusammensein belasten. Vielleicht ärgern Sie sich über bestimmte Angewohnheiten des anderen. Womöglich haben Sie auch Schuldgefühle, weil Sie seinen/ihren Geburtstag vergessen haben. Oder es quält Sie eine furchtbare Eifersucht, egal was Ihr Mann/Ihre Frau macht oder tut. Das alles trägt natürlich nicht dazu bei, Ihre Partnerschaft zu einem Hort der Freude und des Friedens werden zu lassen, in dem Sie sich wohlfühlen und regenerieren können. Die passenden Klopfsätze versprechen Abhilfe.

Situation 61
Eifersucht

Das Wort Eifersucht kommt von althochdeutsch *eiver* = das Herbe, Bittere, Erbitterung und althochdeutsch *suht* = Krankheit, Seuche. Wer eifersüchtig ist, stellt einen ausschließlichen Besitzanspruch an eine andere Person. Oft reicht schon die bloße Vermutung, dass der andere jemand anderem seine Gefühle schenkt oder gar fremdgehen könnte. Der Hintergrund der Eifersucht ist Verlustangst, die so überwältigend sein kann, dass sie zu Gewalthandlungen führt.

Mögliche Klopfsätze

- »Ich bin so eifersüchtig!«
- »Ich könnte ausflippen, wenn er/sie jemand anderen auch nur anschaut.«
- »Ich kann es gar nicht ertragen, wenn er/sie mit jemandem flirtet.«
- »Meine Angst, dass er mich nicht mag, wenn er mal schlecht drauf ist.«
- »Meine Angst, wenn mein Partner alleine ausgeht.«
- »Meine Angst, dass ihm/ihr nichts mehr an mir liegt.«
- »Meine Angst, dass er/sie fremdgeht.«
- »Meine Angst, dass er/sie untreu ist, wenn er mal zu spät kommt.«
- »Meine immerwährenden Gedanken daran, dass mein Partner mir untreu ist.«
- »Meine Angst, meinen Partner zu verlieren.«
- »Mein Misstrauen meinem Partner gegenüber.«
- »Meine Eifersucht, wenn andere meinen Partner gut finden.«
- »Ich fühle mich immer so allein, wenn er/sie mit anderen redet.«
- »Meine Angst, verlassen zu werden.«
- »Meine Angst, betrogen zu werden.«
- »Meine Angst, dass er/sie mich nicht mehr liebt.«
- »Mein Ärger, dass ihm seine Freunde/ihre Freundinnen wichtiger sind.«
- »Mein Eifersucht auf seine Freunde/ihre Freundinnen.«

- »Meine Angst, sie/ihn zu verlieren.«
- »Meine Angst, allein zu sein.«

Situation 62
Unordnung und andere Ärgernisse

Herumliegende Socken, offene Zahnpastatuben oder generelle Unordnung sind Ärgernisse, die eine Partnerschaft belasten können. Um sich in Ruhe darüber auszusprechen, sollten Sie natürlich vorher Ihren Ärger beklopfen.

Mögliche Klopfsätze

- »Mein Ärger, weil er immer seine Socken herumliegen lässt.«
- »Mein Ärger, weil er immer die Zahnpastatube offen lässt.«
- »Mein Ärger, dass der Haushalt so schlampig geführt wird.«
- »Mein Ärger, dass er/sie immer alles liegen lässt.«
- »Mein Ärger, weil er/sie immer so spät nach Hause kommt.«
- »Mein Ärger, dass er morgens immer die Zeitung liest.«
- »Mein Ärger, dass sie immer herumwuselt und nie mal Ruhe gibt.«
- »Mein Ärger, dass er immer am Computer sitzt.«
- »Mein Ärger, dass er immer mit dem Handy rummacht.«

- »Mein Ärger, dass sich mein Mann nicht um die Kinder kümmert.«
- »Mein Ärger, dass ich alles allein machen muss.«
- »Mein Ärger, weil mein Mann so ist wie mein Vater.«
- »Mein Ärger, weil meine Frau so ist wie meine Mutter.«

Situation 63
Seitensprung

Es ist passiert: Er oder sie ist fremdgegangen. Und für den/die Betrogene bricht dann meistens eine Welt zusammen. Doch für beide ist dieses Ereignis mit unangenehmen Gefühlen behaftet. Der Betrogene ist traurig, schwört Rache, empfindet Wut und Hass, vielleicht auch Schuldgefühle. Derjenige, der zur Seite gesprungen ist, wird dagegen häufig von Schuld- oder Schamgefühlen geplagt. Sollten Sie zu der einen oder anderen Gruppe gehören, dann klopfen Sie, damit Ihre Beziehung wieder in ein emotional angenehmes Fahrwasser gerät.

Mögliche Klopfsätze

- »Meine Schuldgefühle/Scham, weil ich meinen Partner/meine Partnerin betrogen habe.«
- »Meine Schuldgefühle/Scham, weil ich fremdgegangen bin.«

- »Meine Schuldgefühle, weil ich gelogen habe.«
- »Mein Ärger/meine Trauer, dass er/sie mich betrogen hat.«
- »Das werde ich ihm/ihr nie verzeihen.«
- »Meine Wut auf XY, dass er das gemacht hat.«
- »Meine Wut auf XY, dass er mir meinen Mann/meine Frau nimmt.«
- »Meine Wut auf XY, dass er/sie sich mit einem verheirateten Mann/einer verheirateten Frau einlässt.«

Situation 64
Kommunikation

Wissenschaftliche Studien haben ergeben, dass Paare durchschnittlich nicht viel mehr als zehn Minuten pro Tag miteinander sprechen. Erschreckend, nicht wahr? Aber viele Menschen haben es einfach nicht gelernt, sich mit dem Partner über den Tag auszutauschen, über die eigenen Gedanken, Gefühle und Bedürfnisse zu sprechen. Dieser Austausch ist jedoch ein wichtiger Bestandteil der Beziehungspflege. Wobei es nicht darum geht, darüber zu reden, was eingekauft werden muss oder wer welche Dinge erledigen soll, sondern um den persönlichen Austausch. Wenn diese Art der Kommunikation in Ihrer Ehe eher selten gepflegt wird, Sie aber trotzdem glücklich sind, brauchen Sie nicht zu klopfen. Fühlen Sie sich damit jedoch unwohl, könnten Sie diesen Zustand mit MET verändern.

Mögliche Klopfsätze

- »Meine Angst, meinem Partner meine Gedanken mitzuteilen.«
- »Meine Angst, meinem Partner gegenüber meine Bedürfnisse zu äußern.«
- »Meine Angst, dass unsere Ehe so wird/endet wie die meiner Eltern.«
- »Meine Scham, mich mit meinem Partner auszutauschen.«
- »Meine Trauer/mein Ärger, dass wir so wenig miteinander sprechen.«
- »Meine Resignation, weil wir uns so wenig miteinander austauschen.«

Situation 65
Sex in der Partnerschaft

Ob Ihre Partnerschaft in Ordnung ist, erkennen Sie unter anderem daran, ob Sie noch regelmäßig guten Sex miteinander haben. Meistens ist das Liebesleben am Anfang einer Beziehung prickelnd und aufregend. Im Laufe der Zeit aber schläft es manchmal ein. Die tägliche Routine, der stressige Alltag, die Kinder oder nicht ausgetragene Konflikte sind regelrechte Lustkiller. Oder man verweigert kurzfristig oder auch dauerhaft den Sex, weil man den Partner bestrafen will. Wer ärgerlich oder wütend ist, der hat keine Lust auf Sex. Dies alles erzeugt Spannungen und Probleme, die unter Umständen sogar zur Trennung führen können. Und nicht zu vergessen:

Sexueller Frust hat auch schon so manchen Seitensprung nach sich gezogen. Prüfen Sie auch, ob es noch irgendeinen Ärger auf Ihren Partner gibt, und beklopfen Sie ihn entsprechend.

Mögliche Klopfsätze zur Revitalisierung des Sexlebens

- »Meine Angst, mich meinem Partner/meiner Partnerin hinzugeben.«
- »Meine Angst, die Kontrolle zu verlieren.«
- »Meine Angst, mich zu versündigen.«
- »Meine Angst, meinem Mann/meiner Frau zu sagen, was ich möchte/mag.«
- »Meine Angst, beim Sex zu versagen.«
- »Meine Angst, im Bett nicht gut genug zu sein.«
- »Meine Angst, meine Bedürfnisse anzumelden.«
- »Meine Angst, was der andere über mich denkt.«
- »Meine Angst/Scham zu sagen, was ich möchte.«
- »Meine Angst/Scham, mit meinem Mann/meiner Frau über meine Bedürfnisse zu sprechen.«
- »Mein Ärger auf meinen Partner, dass wir nicht mehr miteinander schlafen.«
- »Meine Trauer, dass wir nicht mehr miteinander schlafen.«
- »Meine Schuldgefühle, Lust zu empfinden.«
- »Meine Scham, mich meinem Partner zu zeigen.«

Vielleicht finden Sie auch im Kapitel »Körper und Sexualität« noch Sätze, die für Sie geeignet sein könnten.

Wahlmöglichkeiten
- »Ich wähle, mich meinem Mann/meiner Frau ab sofort mit Lust hinzugeben.«
- »Ich wähle, den Sex mit meinem Mann/meiner Frau zu genießen.«
- »Ich wähle, meine eigene Sexualität zu genießen.«
- »Ich wähle, mir (wieder) mehr Zeit für meinen Mann/meine Frau zu nehmen.«
- »Ich wähle zu wissen, dass Sex etwas ganz Natürliches ist.«
- »Ich wähle zu wissen, dass Sex ein vollkommen natürlicher Ausdruck meiner Lebensenergie ist.«

Nach einer Partnerschaft

Situation **66**
Gefühle neutralisieren
Vielleicht haben Sie gerade eine Partnerschaft hinter sich und kämpfen mit der Trauer um den/die Ex, mit Ärger und Wut auf ihn oder sie. Womöglich sinnen Sie auch auf Rache oder quälen sich mit Schuldgefühlen. Alles Themen, die Sie wundervoll beklopfen können.

Mögliche Klopfsätze

- »Meine Trauer, weil XY mich verlassen hat.«
- »Meine Trauer, weil XY mich hat sitzen lassen.«
- »Meine Wut/mein Ärger auf XY, weil er mich verlassen hat.«
- »Meine Wut/mein Ärger auf mich, weil ich mich auf sie/ihn eingelassen habe.«
- »Meine Wut/mein Ärger auf mich, weil ich nicht schon früher Schluss gemacht habe.«
- »Meine Wut/mein Ärger auf mich, weil ich auf sie/ihn reingefallen bin.«
- »Meine Wut/mein Ärger auf mich, weil ich so naiv war.«
- »Meine Schuldgefühle, weil ich ihm/ihr so wenig Beachtung geschenkt habe.«
- »Ich will Rache, weil er/sie mich hat sitzen lassen.«
- »Meine Resignation, weil es wieder nicht geklappt hat.«
- »Meine Wut auf die andere Frau/den anderen Mann.«
- »Meine Wut auf diese blöde Kuh, weil sie mir den Mann weggenommen hat.«
- »Meine Wut auf diesen Hornochsen, weil er mir die Frau weggenommen hat.«

Zusätzlich können Sie bestimmt auch einige der Klopfsätze aus dem Abschnitt »Vor einer Partnerschaft« übernehmen.

Prüfungen

Prüfungen: Wir alle kennen sie, kaum jemand mag sie. Wenn Sie dieses Kapitel durcharbeiten, könnte sich das jedoch ändern. Denn es hilft ja nichts, irgendeine Prüfung steht immer mal wieder an, mündlich oder schriftlich. Es beginnt in der Schule mit Klassenarbeiten und Abschlussprüfungen, dann kommen eventuell die Klausuren und Examina an der Universität, die theoretische und praktische Prüfung zur Erlangung des Führerscheins, Prüfungen während und am Ende der Berufsausbildung.

Der Gedanke an die Prüfung löst in der Regel starken emotionalen Stress aus, mitunter schon Tage oder Wochen im Voraus. Dann können Sie nicht mehr schlafen, essen oder entspannen. Es geht gar nichts mehr. Der Übeltäter: Angst. Angst aber ist gerade bei Prüfungen kein guter Begleiter, denn sie engt ein, lähmt, blockiert. Aus der Lernforschung weiß man, dass der Mensch am besten lernt und am meisten weiß, wenn er entspannt ist. Wir werden dieses Kapitel der Übersichtlichkeit halber nach verschiedenen Bereichen unterteilen. Daher kann es sein, dass sich manche Sätze wiederholen.

Situation 67
Vor der Prüfung

Egal ob Schule, Berufsausbildung, Führerschein oder Universität: Die meisten Prüflinge leiden unter bestimmten Ängsten, haben irgendwelchen Ärger und fühlen sich unter Stress.

Mögliche Klopfsätze

- »Meine Angst, nicht genug gelernt zu haben.«
- »Meine Angst, (wieder) zu versagen.«
- »Mein Riesenstress mit dieser Prüfung.«
- »Meine Angst, einen Blackout zu haben.«
- »Meine Angst, dass alles weg ist, was ich gelernt habe.«
- »Meine Angst, dass etwas drankommt, was ich nicht so gut kann.«
- »Meine Angst, dass nichts aus mir wird.«
- »Meine Angst vor dem Lehrer/Prüfer, weil der immer so streng ist.«
- »Meine Angst vor der mündlichen Prüfung.«
- »Meine Angst, dass ich kein Wort rauskriege.«
- »Meine Angst, dass ich mich (wieder) blamiere.«
- »Meine Angst, dass ich mich nicht konzentrieren kann.«
- »Meine Angst, durch die Abschlussprüfung zu fallen.«
- »Meine Angst vor der Schande, wenn ich durchfalle.«

- »Meine Angst vor dem Prüfer/Lehrer, weil der/die so ernst/sadistisch gemein ist.«
- »Mein Ärger auf den Prüfer/Lehrer, weil er mich das letzte Mal hat durchrasseln lassen.«
- »Mein Ärger auf den Prüfer/Lehrer, weil er uns so wenig erklärt hat.«
- »Meine Trauer, dass das alles so stressig ist.«
- »Meine Verzweiflung, weil ich nichts behalten kann.«
- »Meine Verzweiflung, weil das alles so viel ist.«

Glaubenssätze
- »Es ist alles zu viel!«
- »Das packe ich nicht!«

Situation 68
Klassen- und Abschlussarbeiten in der Schule

Nachdem die oben genannten Gefühle, so weit vorhanden, beklopft wurden, können Schüler, egal welchen Alters und egal auf welcher Schule, ihre ganz speziellen Themen in Bezug auf bevorstehende Klassenarbeiten oder Abschlussprüfungen beklopfen. Im Folgenden lesen Sie Sätze, die speziell auf die emotionale Situation von Schülern eingehen.

Mögliche Klopfsätze

- »Meine Angst vor der nächsten Klassenarbeit.«
- »Meine Angst, wieder eine schlechte Note zu schreiben.«
- »Meine Angst, dass meine Eltern mich ausschimpfen.«
- »Meine Angst, von meinen Eltern bestraft zu werden.«
- »Meine Angst, dass ich sitzenbleibe.«
- »Meine Angst vor dem Abitur.«
- »Meine Angst vor den Fragen.«
- »Meine Angst durchzufallen und dann nicht studieren zu können.«
- »Meine Angst, dass nichts aus mir wird.«

Es ist wichtig, sich die mögliche Prüfungssituation immer wieder vorzustellen und zu prüfen, ob noch irgendwelche Ängste oder andere negative Gefühle vorhanden sind.

Diese werden dann so lange beklopft, bis man in einem neutralen, entspannten Zustand ist. Danach können *Wahlsätze* zur Stärkung geklopft werden:

- »Ich wähle, eine gute Klassenarbeit zu schreiben.«
- »Ich wähle zu wissen, dass ich jederzeit Zugang zu dem Gelernten habe.«
- »Ich wähle, voller Ruhe und Gelassenheit in die Prüfung zu gehen.«

- »Ich wähle zu wissen, dass mir mein ganzes Wissen zur Verfügung steht.«
- »Ich wähle, mich auf die Prüfung zu freuen.«

Situation **69**
Fahrprüfung

Für viele junge Menschen ist der Führerschein ein wichtiger Schritt auf dem Weg ins Erwachsenenleben, weil er ihre Mobilität erhöht und sie dann nicht mehr auf die Eltern, das Fahrrad oder auf öffentliche Verkehrsmittel angewiesen sind. Hinzu kommt, dass sich die Chancen auf dem Arbeitsmarkt verbessern, wenn man eine Fahrerlaubnis vorweisen kann.

Mögliche Klopfsätze

- »Meine Angst, dass ich Panik bekomme.«
- »Meine Angst vor der theoretischen Prüfung.«
- »Meine Angst, dass ich zu viele Fehler mache.«
- »Meine Angst, nichts zu wissen.«
- »Meine Angst, dass ich zu nervös bin.«
- »Meine Angst vor der praktischen Prüfung.«
- »Meine Angst, etwas falsch zu machen.«
- »Meine Angst (wieder) durchzufallen.«
- »Meine Angst, mich vor meinen Freunden zu blamieren.«
- »Meine Angst, dass alle mich auslachen, wenn ich durchfalle.«

Wahlmöglichkeiten
- »Ich wähle, darauf zu vertrauen, dass ich sicher und ruhig fahre.«
- »Ich wähle, darauf zu vertrauen, dass ich einen guten Prüfer bekomme.«
- »Ich wähle, alles richtig zu machen.«
- »Ich wähle, mich auf die praktische Fahrprüfung zu freuen.«

Darüber hinaus finden Sie bestimmt auch im vorigen Abschnitt noch Wahlsätze, die für Sie passen.

Situation **70**
Universität

Auch an den Universitäten wird der Student immer wieder mit Prüfungen konfrontiert. Gerade auch durch die Studienzeitverkürzung ist der Druck noch größer geworden. Die Belastungen durch Examen und Diplomarbeiten, die Isolation im anonymen Unibetrieb und zu hohe Anforderungen sind nur einige Stressfaktoren. Natürlich gibt es auch hier die Möglichkeit zu klopfen, um den Stress zu lösen und entspannt durch die Studienzeit zu gehen. Schlagen Sie ruhig auch bei den anderen Prüfungssituationen nach. Dort finden Sie mit Sicherheit auch geeignete Sätze, die Ihrer Situation entsprechen.

Mögliche Klopfsätze

- »Meine Angst vor der nächsten Klausur.«
- »Meine Angst vor der Abschlussarbeit.«
- »Meine Angst, dass meine Diplomarbeit nicht rechtzeitig fertig wird.«
- »Meine Angst vor dem ersten Staatsexamen.«
- »Meine Angst vor dem Referendariat.«
- »Meine Angst, nach dem Studium keinen Job zu finden.«
- »Meine Angst vor Professor/-in XY.«
- »Meine Angst, Professor/-in XY als Prüfer zu bekommen.«

Situation 71
Nicht bestanden?
Egal, welche Prüfung es war, die Sie nicht bestanden haben, Sie werden frustriert sein, ärgerlich auf sich selbst, verzweifelt, traurig oder anderweitig schlecht gestimmt.

Mögliche Klopfsätze

- »Mein Frust, weil ich (wieder) durchgefallen bin.«
- »Mein Ärger auf mich, dass ich versagt habe.«
- »Mein Ärger auf mich, weil ich durch die Prüfung gefallen bin.«
- »Mein Ärger auf mich, weil ich die Klassenarbeit/Klausur vermasselt habe.«

- »Meine Trauer, dass es nicht geklappt hat.«
- »Meine Angst, dass mir das wieder passiert.«
- »Meine Wut auf die Prüfer, weil sie mich so beurteilt haben.«
- »Meine Verzweiflung, dass es nicht geklappt hat.«
- »Jetzt ist alles aus!« (Verzweiflung)
- »Ich könnte ausrasten, weil es nicht geklappt hat!«
- »Meine riesengroße Enttäuschung, dass ich durchgefallen bin.«
- »Meine Enttäuschung, weil ich es vermasselt habe.«
- »Meine Angst, meinen Eltern zu sagen, dass ich durchgefallen bin/nicht bestanden habe.«

Wahlmöglichkeiten
- »Ich wähle zu wissen, dass es immer weitergeht.«
- »Ich wähle, das nächste Mal richtig gut abzuschneiden.«
- »Ich wähle, beim nächsten Mal vollkommen ruhig und gelassen zu sein.«
- »Ich wähle, voller Vertrauen in meine Fähigkeiten zu sein.«
- »Ich wähle, auf mein Können zu vertrauen.«

Situation 72
Bewerbungen
Sie haben Ihre schulische Laufbahn beendet und wollen ins Berufsleben einsteigen. Die erste Hürde haben Sie schon genommen: Sie wissen, welchen Beruf Sie

ausüben wollen. Jetzt kommt die zweite Hürde: Sie müssen sich bewerben. Bevor Sie dies tun, sollten Sie sich natürlich darüber informieren, wie eine Bewerbung aussehen soll. Im Internet finden Sie dazu viele Anregungen. Das Wichtigste ist natürlich: Der erste Eindruck zählt. Ist Ihre Bewerbung ansprechend und den gängigen Regeln entsprechend verfasst, haben Sie schon gepunktet. Darüber hinaus aber gibt es ja noch die emotionale Ebene. Und die könnte von *Ängsten* geprägt sein.

Mögliche Klopfsätze

- »Meine Angst, mich zu bewerben.«
- »Meine Angst vor dem Bewerbungsgespräch.«
- »Meine Angst, das Falsche zu sagen.«
- »Meine Angst, dumm rüberzukommen.«
- »Meine Angst, einen schlechten Eindruck zu erwecken.«
- »Meine Angst, abgelehnt zu werden.«
- »Meine Angst, den Anforderungen doch nicht zu genügen.«
- »Meine Angst, beim Bewerbungsgespräch zu versagen.«
- »Meine Angst, dass ich wieder nicht angenommen werde.«

Schwangerschaft und Geburt

Eine der schönsten Erfahrungen, die wir überhaupt machen können, ist es, wenn sich ein Kind ankündigt. In manchen Kulturen ist dies neben der Geburt an sich das höchste Glück und wird entsprechend gefeiert. Schwangere Frauen erfahren dort richtiggehende Verehrung. In unserer Gesellschaft dagegen herrscht vielfach Angst, ein Kind zu bekommen: meistens Angst vor der Verantwortung und/oder der finanziellen Belastung. Vielleicht aber hatte man auch selbst eine schwierige Kindheit und fürchtet nun, dies an die Nachkommen weiterzugeben. Mitunter spielt auch die Angst vor der Geburt eine Rolle. Oder es handelt sich um eine Frau, die von ihrem Partner verlassen wurde und der neuen Herausforderung nun allein gegenübersteht. Schnell stellt sich zusätzlich zur Angst auch ein Gefühl der Überforderung ein. Hinzu kommen Ängste vor möglichen Komplikationen, die von der gängigen Medizin gern in den Vordergrund gestellt werden. Natürlich gibt es immer mal wieder Indikationen, die ein ärztliches Eingreifen erforderlich machen. Wenn diese aber nicht gegeben sind, besteht überhaupt kein Grund, der Schwangeren Angst zu machen, denn diese ist ihr größter Feind.

Machen Sie sich klar, dass Schwangerschaft und Geburt absolut natürliche Vorgänge sind und dass die Weisheit Ihres Körpers Ihnen genau sagen wird, was Sie zu tun haben. Diese Erkenntnis hat der französische Arzt Frédérick Leboyer, der »Vater der sanften Geburt«, im vergangenen Jahrhundert in die Kreißsäle gebracht.

Aus der neueren Forschung wissen wir heute zudem, dass sämtliche Gedanken und Gefühle, die die Mutter während der Schwangerschaft hat, ungefiltert auf das Ungeborene übergehen. Wenn das Kind nun aber schon im Mutterleib mit Angst und negativen Gedanken überschwemmt wird, ist dies nicht die beste Voraussetzung für eine leichte Geburt und einen guten Start ins Leben.

Es ist wichtig, das Kind in einer Atmosphäre der Liebe, des Vertrauens, der Freude und Zuversicht zu empfangen. Damit dies gewährleistet ist, beleuchten wir in diesem Kapitel die drei Bereiche, die Sie klopfen können: die Schwangerschaft, die Geburt und die erste Zeit mit Ihrem Baby.

Situation 73
Schwangerschaft

Sie haben erfahren, dass sich Nachwuchs ankündigt. Ihre ersten Reaktionen könnten Ängste, Sorgen und vielleicht auch negative Gedanken sein. Damit Sie diese wunderbare und kostbare Zeit, die womöglich wichtigste Erfahrung, die man überhaupt nur machen kann, aber genießen und das neue Wesen voller ungetrübter Liebe und Sehnsucht erwarten können, haben wir einige Klopfsätze für Sie zusammengestellt, die Sie besonders in den Anfängen der Schwangerschaft unterstützen. Natürlich können Sie aber auch alle Ängste und anderen negativen Gefühle beklopfen, die in der bis zur Geburt folgenden Zeit eventuell auftauchen. Suchen Sie sich wie immer die Sätze heraus, die Ihre Gefühle am besten wiedergeben.

Mögliche Klopfsätze der werdenden Mutter

- »Meine Angst, schwanger zu sein.«
- »Meine Angst vor einer Schwangerschaft.«
- »Meine Angst vor den körperlichen Veränderungen.«
- »Meine Angst, dass der Körper nicht mehr so straff sein wird.«
- »Meine Angst vor den Schmerzen bei der Geburt.«
- »Meine Angst, die Geburt nicht zu schaffen.«
- »Meine Angst, dass ich dann meinen Beruf nicht mehr ausüben kann.«
- »Mein Abneigung dagegen, dass da etwas Fremdes in mir heranwächst.«
- »Mein Ärger, dass ich dann nicht mehr arbeiten kann.«
- »Meine Wut, dass ich schwanger geworden bin.«
- »Meine Wut auf mich, dass ich nicht aufgepasst habe.«
- »Meine Trauer, dass ich mich nicht auf das Kind freuen kann.«

Werdende Mütter können selbstverständlich auch etwaige körperliche Symptome wie Übelkeit, Schwindel etc. beklopfen. Klopfen Sie auch alle negativen Gedanken, die Sie eventuell der Schwangerschaft und dem Ungeborenen gegenüber haben. Klopfen Sie so lange, bis Sie sich wohlfühlen, ganz friedvoll gestimmt sind und sich von ganzem Herzen auf das Kind freuen.

Gefühle (auch die des werdenden Vaters):
- »Meine Angst vor dieser neuen Situation.«
- »Meine Angst, mit der Belastung nicht fertigzuwerden.«
- »Meine Angst, dass unsere Ehe unter einem Kind leidet.«
- »Meine Angst, den neuen Anforderungen nicht gerecht zu werden.«
- »Meine Angst, dass die Schwangerschaft wieder so schwierig wird wie die vorige.«
- »Meine Angst, ein behindertes Kind zu bekommen.«
- »Meine Angst vor den Veränderungen, die ein Kind mit sich bringt.«
- »Meine Angst, dass ich/wir das finanziell nicht packen.«
- »Meine Angst, dass es ein Junge/ein Mädchen wird.«
- »Meine Angst, Sex in der Schwangerschaft zu haben.«
- »Meine Angst, dass ich eine so schlechte Mutter/ein so schlechter Vater werde wie meine Mutter/mein Vater.«
- »Meine Angst, dass ich die gleichen Fehler mache wie meine Eltern.«

- »Mein Ärger, dass all meine Pläne durcheinandergeraten.«
- »Mein Ärger, weil ich mein bisheriges Leben dann nicht mehr wie gewohnt weiterführen kann.«

Mögliche weitere Klopfsätze für werdende Väter:

- »Meine Eifersucht auf das Ungeborene.«
- »Meine Angst, dass jetzt ein Kind zwischen uns steht.«
- »Meine Angst, dem Kind zu schaden, wenn ich mit meiner Frau schlafe.«
- »Meine Angst vor der zusätzlichen Verantwortung für ein Kind.«
- »Meine Angst, kein guter Vater zu sein.«
- »Meine Angst vor der Verantwortung als Vater.«

Wahlmöglichkeiten

- »Ich wähle, ab sofort die Schwangerschaft zu genießen.«
- »Ich wähle, mich ab sofort auf das Kind zu freuen.«
- »Ich wähle, das Ungeborene ab sofort willkommen zu heißen.«
- »Ich wähle, ab sofort zu wissen, dass Schwangerschaft etwas Natürliches ist.«
- »Ich wähle, das Kind als unerwartete Bereicherung meines/unseres Lebens zu sehen.«
- »Ich wähle, das Kind als göttliches Geschenk zu sehen.«

Situation 74
Geburt

Sie blicken auf die wunderbare Zeit Ihrer Schwangerschaft zurück. Aber jetzt reicht's auch. Jetzt soll das Kind endlich kommen.

Auch wenn die Geburt naht, gibt es vieles, was Sie klopfen können. Wir haben schon zahlreiche Hebammen in der MET-Klopftherapie ausgebildet, die diese sanfte, aber doch äußerst wirksame Methode sowohl in der Schwangerschaftsvorbereitung als auch während der Geburt heute mit großem Erfolg einsetzen. Denn durch das Auflösen aller Ängste und negativen Gedanken wird die Geburt leicht und schnell. Sollten Sie eine Hausgeburt planen, jedoch auch ein bisschen Angst davor haben, können Sie auch das beklopfen.

Mögliche Klopfsätze zur Vorbereitung auf die Geburt

- »Meine Angst vor der Geburt.«
- »Meine Angst vor einer Hausgeburt.«
- »Meine Angst vor möglichen Komplikationen.«
- »Meine Angst vor den Schmerzen.«
- »Meine Angst, was da auf mich zukommt.«
- »Meine Angst vor dieser unbekannten Situation.«
- »Meine Angst, es nicht rechtzeitig ins Krankenhaus zu schaffen.«
- »Meine Angst, dass ich nicht weiß, was ich tun soll.«

- »Meine Angst, es nicht zu schaffen.«
- »Meine Angst, nicht genügend Kraft zu haben.«

Glaubenssätze
- »Jede Geburt ist schmerzhaft.«
- »Gott will, dass ich unter Schmerzen gebäre.«
- »Geburten sind immer gefährlich.«
- »Jede Geburt ist ein Risiko.«

Mögliche Klopfsätze für werdende Väter

- »Meine Angst vor dem, was da auf mich zukommt.«
- »Meine Angst, meine Frau leiden zu sehen.«
- »Ich kann kein Blut sehen!«
- »Meine Angst/mein Ekel vor dem Blut!«
- »Meine Angst, dass meiner Frau etwas zustößt.«
- »Meine Angst, dass sie das nicht überlebt.«
- »Mein Ärger/meine Trauer, dass sie solche Schmerzen erleiden muss.«

Wenn Sie all diese Ängste zuvor bereits aufgelöst haben, ist Ihr Körper sowieso schon entspannt. Sollten während der Geburt doch noch Ängste auftauchen, können Sie diese ebenfalls beklopfen:
- »Meine Angst, es nicht zu schaffen.«
- »Ich schaffe das nicht!«
- »Ich kann nicht mehr!«

Auch für den werdenden Vater ist es hilfreich (ganz abgesehen davon, dass er damit seiner Frau große Unterstützung gibt), wenn er sich parallel mit denselben Sätzen beklopft. Sollte sich die werdende Mutter nicht mehr selbst beklopfen können, kann der Mann sie beklopfen, wenn sie dies wünscht.

Situation **75**
Die erste Zeit mit dem Neugeborenen
Vater, Mutter und Kind sind wohlauf, die Geburt ist gut überstanden. Und wenn es Ihnen so geht wie uns, war sie ein überwältigendes Ereignis, mit Worten gar nicht zu beschreiben. Etwas jenseits dieser Realität.

Jetzt ist der neue Erdenbürger also endlich da. Und wenn Sie im Vorweg fleißig geklopft haben, stehen die Chancen sehr gut, dass es überhaupt keine Probleme gibt. Wir gehen davon aus, dass die schönen Seiten der nachgeburtlichen Zeit überwiegen und Sie in Glückseligkeit über das kleine Wesen geradezu schwelgen. Aber man weiß ja nie. Denn jetzt geht es darum, mit der neuen Situation klarzukommen. Sollte Ihr kleines Bündel Mensch von der eher ruhigen Sorte sein, ist alles in Ordnung. Sollte sich jedoch ein unruhiger Zeitgenosse seinen Weg zu Ihnen gebahnt haben, kann durchaus Klopfbedarf bestehen.

Auch die neue Situation des Stillens und die Rückbildung des Körpers sowie die veränderte Familiensituation können Klopfthemen sein. An dieser Stelle möchten wir Sie ausdrücklich ermuntern, Ihr Baby zu stillen.

Für das Kind gibt es nichts Besseres, und darüber hinaus wird durch das Stillen die Rückbildung der Gebärmutter gefördert. Eine traulichere Zweisamkeit als die zwischen einer stillenden Mutter und ihrem Baby gibt es kaum. Sie schenken Ihrem Kind dadurch Geborgenheit, Liebe und Urvertrauen. Stillen Sie so lange, wie es Ihnen gefällt und es möglich ist. Zudem ist Stillen praktisch und absolut natürlich. Sie haben das »Fläschchen« immer dabei, müssen nichts einkaufen, nichts abwaschen oder sterilisieren. Und so haben Sie mehr Zeit für das Kind, die Familie und Ihren Mann.

Mögliche Klopfsätze in Bezug auf den Körper

- »Meine Angst, dass sich der Bauch nicht mehr zurückbildet.«
- »Meine Angst, dass sich die Gebärmutter nicht mehr zurückbildet.«
- »Mein Entsetzen über diese schlaffe Bauchdecke.«
- »Meine Angst, dass die Brüste nicht wieder normal werden.«
- »Meine Angst, dass meine Brüste erschlaffen, wenn ich stille.«
- »Mein Ekel, wenn mein Kind an mir rumnuckelt.«
- »Mein Schreck über die einschießende Milch.«
- »Ich bin so erschöpft.«

Mögliche Klopfsätze in Bezug auf das Neugeborene

- »Meine Angst, dass ihm etwas fehlt, wenn er/sie schreit.«
- »Meine Angst, etwas falsch zu machen.«
- »Mein Genervtsein, dass er/sie so viel schreit.«
- »Mein Genervtsein, dass er/sie so wenig schläft.«
- »Meine Angst, das alles nicht zu schaffen.«
- »Meine Angst, mit der neuen Aufgabe überfordert zu sein.«

Mögliche Klopfsätze in Bezug auf die neue familiäre Situation

- »Meine Angst, dass meine Frau keine Zeit mehr für mich hat.«
- »Meine Angst, dass wir keine Zeit mehr füreinander haben.«
- »Meine Angst, dass mich mein Mann ablehnt, weil ich stille.«
- »Meine Angst, dass ich den Haushalt nicht mehr schaffe.«
- »Mein Gefühl, mit all dem überfordert zu sein.«
- »Meine Unfähigkeit, mit meiner Frau zu schlafen, seit sie das Kind geboren hat.«
- »Meine Angst, ihr wehzutun, wenn ich mit ihr schlafe.«

Mögliche Klopfsätze, wenn schon Kinder vorhanden sind

- »Meine Angst, dass ich den älteren Kindern nicht mehr gerecht werde.«
- »Meine Angst, dass ich die älteren Kinder benachteilige.«
- »Meine Angst, dass die älteren Kinder eifersüchtig sind.«
- »Mein Schuldgefühl, dass ich mich nicht mehr so viel um die anderen Kinder/das andere Kind kümmern kann.«

Wahlmöglichkeiten

- »Ich wähle, ab sofort mit dieser neuen Situation kreativ umzugehen.«
- »Ich wähle, ab sofort diese neue Situation voll und ganz zu genießen.«
- »Ich wähle, ab sofort die Freude über den Nachwuchs mit jedem Tag größer werden zu lassen.«
- »Ich wähle, ab sofort dankbar für dieses kleine Wunder zu sein.«

Leistungssteigerung im Sport

Wenn Sie Leistungssport betreiben, wissen Sie selbst am besten, wie hart Sie trainieren und dass Sie alles dafür tun, immer besser zu werden. Gleichwohl kann es hin und wieder zu Leistungsblockaden kommen. Also trainieren Sie noch intensiver, strengen sich noch mehr an. Trotzdem treten wieder und wieder Fehler auf. Leistungsblockaden im Sport haben häufig mit Ängsten, Zweifeln oder erlebtem Versagen zu tun. Und diese Themen gilt es aufzulösen. Der besseren Übersichtlichkeit halber und auch, weil jede Disziplin ihre eigenen Themen hat, ist dieses Kapitel nach Sportarten unterteilt.

Fußball

Fußball ist eine Sportart, bei der es maßgeblich auf drei Dinge ankommt: Teamgeist, Kondition und technische Perfektion. Wenn es auf einem dieser Gebiete hapert, wird die Leistung darunter leiden. Wie stark gerade Ängste eine Mannschaft in ihrem Potenzial beschneiden können, konnte man bei der WM 2010 beim Spiel Deutschland gegen Spanien sehen.

Situation 76
Vor dem Tor

Man fragt sich ja immer wieder, warum das Tor eigentlich so oft verfehlt wird. Schließlich üben Torschützen doch über Jahre hinweg vor allem dies: Tore zu schießen. Dass der Ball trotzdem häufig danebengeht, hat unseres Erachtens nichts mit mangelnden Fähigkeiten zu tun, sondern mit Ängsten. Wenn ich aber Angst habe, das Tor nicht zu treffen, stehen die Chancen gut, dass ich es tatsächlich nicht treffe. Wenn ich andererseits voller Zuversicht bin, dass der Ball sein Ziel erreicht, tut er das auch. Das ist das Geheimnis des Torschützenkönigs. Auch vergangene verpatzte Torchancen tragen dazu bei, die Treffsicherheit zu mindern, wenn sich der Betreffende immer noch darüber grämt, dass er damals nicht getroffen hat, wenn er Angst hat, dass er wieder vorbeischießt und er im Grunde überzeugt ist, dass es eh nicht klappt.

Die folgenden Sätze müssen Sie selbstverständlich nicht während des Spieles klopfen. Vielmehr empfiehlt sich, die negativen Gefühle und Überzeugungen vorab aufzulösen. Wenn Sie etwa bei dem Gedanken an ein bevorstehendes Spiel die Angst vor einem neuerlichen Versagen verspüren, klopfen Sie diese Angst. Wenn sich der Gedanke einschleicht, dass es bestimmt wieder schiefgehen wird, dann beklopfen Sie diesen im Vorweg.

Mögliche Klopfsätze

- »Meine Angst, das Tor nicht zu treffen.«
- »Meine Angst, wieder vorbeizuschießen.«
- »Meine Angst, wieder gegen den Pfosten zu schießen.«
- »Mein Ärger, weil ich immer vorbeischieße.«
- »Mein Ärger auf XY, weil er so schlechte Pässe spielt.«
- »Mein Ärger auf mich, dass ich in dieser Saison immer noch torlos bin.«
- »Mein Ärger auf mich, weil ich damals nicht getroffen habe.«
- »Mein Ärger auf mich, weil ich damals diese einmalige Chance verpatzt habe.«
- »Mein Neid auf XY, weil er schon mehr Tore geschossen hat.«
- »Meine Verzweiflung, dass ich immer noch kein Tor geschossen habe.«

Situation 77
Fouls

Fouls sind eine unschöne Begleiterscheinung des Fußballsports, die heutzutage bis zur Perfektion einstudiert wird. Teilweise grenzen sie schon an vorsätzliche Körperverletzung, und das nicht nur im Profifußball. Wenn Sie gefoult wurden, stellen sich Schmerzen ein und vielleicht tragen Sie auch körperliche Schäden davon. Die können heilen. Was aber bleibt, sind die emotionalen Schäden.

Mögliche Klopfsätze

- »Meine Wut auf XY, weil er mich gefoult hat.«
- »Meine Angst, wieder von XY gefoult zu werden.«
- »Meine Wut auf dieses A…, weil er so hart foult.«
- »Meine Wut auf XY, weil er mir mit seinem Foul das schöne Spiel kaputt gemacht hat.«

Situation 78
Elfmeter

Da so viel davon abhängt, gibt es nur wenige Spezialisten, die das Elfmeterschießen lieben. Für die meisten anderen ist es ausgesprochen angstbesetzt. Aber auch für diesen Fall gilt, was wir schon an anderer Stelle zum Thema Angst gesagt haben: Sie blockiert und verhindert, dass wir unser wirkliches Potenzial ausleben.

Mögliche Klopfsätze

- »Meine Angst vor dem Elfmeterschießen.«
- »Meine Angst, den Elfer wieder zu verschießen.«
- »Meine Angst, in die falsche Ecke zu zielen.«
- »Meine Angst, dass der Torwart den Ball hält.«
- »Meine Angst, dass ich nicht treffe.«
- »Meine Angst, mich zu blamieren.«

Situation 79
Nach einem verschossenen Elfer

Für Fußballer gibt es kaum etwas Schlimmeres, als einen Elfmeter zu verschießen. Die damit in aller Regel zusammenhängenden Gefühle tragen jedoch nicht gerade dazu bei, das Selbstwertgefühl zu stärken. Aber Sie haben es ja buchstäblich in der Hand gegenzusteuern.

Mögliche Klopfsätze

- »Meine Angst/meine Scham, danach in die Kabine zu gehen.«
- »Meine Angst/Scham, den anderen Spielern in die Augen zu sehen.«
- »Meine Angst, in Zukunft auch wieder zu versagen.«
- »Mein Ärger auf mich, dass mir das (schon wieder) passiert ist.«
- »Mein Schuldgefühl der Mannschaft/dem Trainer/den Fans gegenüber.«
- »So eine Blamage!«
- »Ist das peinlich!«
- »Ich würde am liebsten im Erdboden versinken.«

Situation 80
Team

Bei allen Mannschaftssportarten kommt es entscheidend auf das gute Zusammenspiel mit den anderen Spielern an. Wenn es da irgendwo hakt, wenn Angst, Neid, Ärger und Wut herrschen, leidet darunter die Leistung des ganzen Teams. Vertrauen, Zuversicht, Gelassenheit und Mut andererseits stärken sie.

Mögliche Klopfsätze

- »Meine Angst, aus dem Team zu fliegen.«
- »Meine Angst, das Tempo nicht halten zu können.«
- »Meine Angst, etwas zu riskieren.«
- »Meine Angst vor der Kritik der anderen, wenn ich etwas wage und es schiefgeht.«
- »Meine Angst, dass wir absteigen.«
- »Mein Ärger auf XY, weil er beliebter ist als ich.«
- »Meine Zweifel, ob ich je den Anforderungen gerecht werde.«
- »Mein Ärger auf Spieler XY, weil er nicht an mich abgibt.«
- »Mein Neid auf XY, weil er besser ist als ich.«

Situation 81

Gegner

Ein verlorenes Spiel kann Spuren hinterlassen. Manche Niederlagen werden von den Medien zu regelrechten Tragödien hochgespielt, die den Spielern noch lange danach im Nacken sitzen, selbst wenn sie persönlich gar nicht an der verlorenen Partie beteiligt waren. So stellt etwa das legendäre Wembley-Tor 1966 in der Geschichte des deutschen Fußballs auch heute noch eine tiefe Wunde dar.

Wenn die Leistungen eines Spielers eingeschränkt sind, liegt dies in den meisten Fällen daran, dass er Angst hat.

Mögliche Klopfsätze

- »Meine Angst vor dem starken Gegner.«
- »Meine Angst, dass die anderen besser sind.«
- »Meine Angst vor der Ballfertigkeit des Gegners.«
- »Meine Angst vor den Fouls des Spielers XY.«

Glaubenssätze
- »Der Gegner ist eh viel stärker als wir.«
- »Das hat beim letzten Mal schon nicht geklappt, das wird auch dieses Mal nicht klappen.«
- »Die können wir nie schlagen.«

Situation 82
Trainer

Ein vertrauensvolles Verhältnis zwischen Trainer und Mannschaft ist entscheidend, um gute Ergebnisse erzielen zu können. Wenn es daran mangelt, leiden die Leistungen. Sollten sich diesbezüglich negative Gefühle eingestellt haben, beklopfen Sie sie.

Mögliche Klopfsätze

- »Meine Angst vor den hohen Erwartungen des Trainers.«
- »Mein Ärger auf den Trainer, weil er mich so ungerecht behandelt.«
- »Mein Ärger auf den Trainer, weil er mich nicht aufgestellt hat.«
- »Mein Trotz gegen den Trainer, weil er … gemacht hat.«
- »Dem werde ich es zeigen!«

Golf

Als Golfer wissen Sie, worauf es ankommt: Konzentration, Präzision und technische Perfektion. Verpatzte Schläge, erlittene Misserfolge und Probleme mit dem Putten können einem Golfer das Leben schwer machen. Die hier vorgeschlagenen Klopfsätze für die verschiedenen Phasen eines Golfspiels können Sie sowohl vor einem Spiel als auch währenddessen auf dem Platz beklopfen.

Situation 83
Am Abschlag

Der Abschlag ist sozusagen die Visitenkarte jedes Golfspielers. Weite, präzise Schläge sind die Basis für ein gutes Spiel. Daran hapert es bei Ihnen?

Mögliche Klopfsätze

- »Meine Angst, den Ball nicht zu treffen.«
- »Meine Angst, wieder daneben zu schlagen.«
- »Meine Angst, den Ball zu verziehen.«
- »Meine Angst, den Ball zu toppen.«
- »Meine Angst, nicht weit genug zu schlagen.«
- »Meine Angst, mich vor meinen Mitspielern zu blamieren.«
- »Meine Angst, schlechter zu sein als XY.«
- »Meine Angst, mit Holz zu spielen.«
- »Mein Ärger auf mich, dass ich so schlecht abschlage/abgeschlagen habe.«
- »Mein Ärger auf mich, dass ich nur … Meter geschafft habe.«
- »Mein Ärger auf mich, dass ich den Ball verzogen habe.«

Situation **84**
Auf dem Rasen

Auf dem Rasen lauern andere Gefahren als beim Abschlag. Aber auch hier können Ihnen Ängste das Spiel richtig verderben.

Mögliche Klopfsätze

- »Meine Angst, zu lang zu schlagen.«
- »Meine Angst, zu kurz zu schlagen.«

- »Meine Angst, ins Rough zu treffen.«
- »Meine Angst, in den Bunker zu schlagen.«
- »Meine Angst, dass der Ball im Wasser landet.«
- »Meine Angst, den Ball zu verziehen.«
- »Mein Ärger auf mich, weil ich wieder so schlecht geschlagen habe.«
- »Mein Ärger auf mich, weil der Ball im Rough/im Bunker/im Wasser gelandet ist.«
- »Mein Ärger auf mich, dass ich zu lang/zu kurz geschlagen habe.«
- »Mein Neid/Ärger auf meine/n Mitspieler/-in XY.«
- »Mein Neid, dass die anderen besser sind als ich.«

Situation 85
Das Putten

Da es dabei um Gefühl und absolute Präzision geht, ist das Putten nicht jedermanns Sache. Viele Faktoren sind dabei zu bedenken: die Richtung des Rasenschnitts, die Steigung, der Wind etc. Hier unterlaufen sogar Profigolfern oft horrende Fehler.

Klopfen Sie, um eine ruhige Hand zu entwickeln.

Mögliche Klopfsätze

- »Meine Angst vor dem Putten.«
- »Meine Angst, nicht zu gewinnen.«
- »Meine Angst, zu gewinnen.«

- »Meine Angst, beim Putten zu zittern.«
- »Meine Angst, das Loch nicht zu treffen.«
- »Meine Angst vor dem Erfolg und was dann auf mich zukommt.«
- »Meine Angst, die Erwartungen von … nicht zu erfüllen.«
- »Meine Angst, meine eigenen Erwartungen nicht zu erfüllen.«
- »Mein Ärger auf mich, dass ich danebengetroffen habe.«
- »Mein Ärger auf mich, dass ich wieder versagt habe.«

Glaubenssätze

- »Das schaffe ich nie!«
- »Ich kann mir gar nicht vorstellen, Handicap … zu erreichen.«
- »Ich darf nicht besser sein als XY.«
- »Ich kann nur mit Eisen gut spielen.«
- »Mit dem Driver zu spielen, werde ich nie lernen.«

Wahlmöglichkeiten

- »Ich wähle, den Ball ab sofort präzise zu treffen.«
- »Ich wähle, ab sofort X m abzuschlagen.«
- »Ich wähle, ab sofort voll konzentriert zu sein.«
- »Ich wähle, für Loch … nur … Schläge zu benötigen.«

Reitsport

Bei dieser Sportart geht es um die spezielle Beziehung von Mensch und Tier. Aus der Arbeit von Pferdemenschen wie Monty Roberts und vielen anderen wissen wir heute, wie wichtig es ist, das Pferd zu verstehen, sich in es hineinzuversetzen und in seiner »Sprache« mit ihm zu kommunizieren. Gerade Pferde sind extrem sensibel für die Gefühlswelt des Menschen, insbesondere seine Ängste und Zweifel. Sie reagieren häufig schon, bevor wir uns unserer Gefühle überhaupt bewusst werden. Insofern ist es wichtig, sich in einen empfindungsneutralen Zustand zu bringen.

Situation 86
Die Begegnung mit dem Pferd
Wenn Ihr Kontakt zu Pferden angstbesetzt ist, oder Sie sich über das Verhalten Ihres Pferdes ärgern, können Sie dies mit MET bearbeiten.

Mögliche Klopfsätze

- »Meine Angst vor Pferden.«
- »Meine Angst, dass mein Pferd mich tritt/beißt.«
- »Meine Angst vor der Unberechenbarkeit/Schreckhaftigkeit des Pferdes.«
- »Meine Angst, dass mein Pferd scheut.«

- »Meine Angst, die Kontrolle über das Tier zu verlieren.«
- »Meine Angst, runterzufallen.«
- »Meine Angst, mir etwas zu brechen.«
- »Mein Ärger auf das Pferd, weil es nicht macht, was ich will.«
- »Mein Ärger auf das Pferd, weil es so bockig/stur ist.«
- »Meine Wut auf das Pferd, weil es mir nicht gehorcht.«

Situation 87
Nach einem Reitunfall
Ein Unfall ist immer ein traumatisches Erlebnis, das Spuren hinterlässt, die unter Umständen so gewichtig sind, dass Sie sie allein nicht lösen können. In diesem Fall holen Sie sich bitte MET-therapeutische Unterstützung. Ansonsten:

Mögliche Klopfsätze

- »Mein Schock, dass mir das (damals) passiert ist.«
- »Meine Panik vor Pferden.«
- »Meine Angst, wieder auf ein Pferd zu steigen.«
- »Meine Angst, dass das Pferd wieder mit mir durchgeht.«
- »Meine Angst, dass ich wieder die Kontrolle verliere.«

- »Mein Ärger auf mich, dass ich damals nicht rechtzeitig abgestiegen bin.«
- »Mein Ärger auf das Pferd, weil es durchgegangen ist.«
- »Mein Ärger auf mich, weil ich nicht aufgepasst habe.«
- »Meine Verachtung für diese blöden Viecher, dass die so schreckhaft sind.«

Tennis

Situation 88
Auf dem Platz

Tennis ist ein Ausdauersport, der den Spielern viel abverlangt. Sie müssen eine Einheit mit Ihrem Schläger sein, müssen sich auf den Gegner und beim Doppel auf Partner *und* Gegner einstimmen. Profis sind darüber hinaus der Öffentlichkeit und den Blicken der Zuschauer ausgesetzt.

Mögliche Klopfsätze

Gefühle
- »Meine Angst, den Ball nicht zu treffen.«
- »Meine Angst, ins Netz/ins Aus zu schlagen.«
- »Meine Angst vor dem Spiel gegen XY.«
- »Meine Angst, zu verlieren.«

- »Meine Angst vor den harten Schlägen des Gegners.«
- »Meine Angst, wieder so schlecht zu spielen wie beim letzten Mal.«
- »Meine Angst vor der Blamage, wenn ich verliere.«
- »Mein Ärger auf mich, dass ich den Ball nicht getroffen habe.«
- »Mein Ärger auf mich, dass ich so schlecht gespielt habe.«
- »Mein Schuldgefühl XY (Eltern, Trainer) gegenüber, dass ich so schlecht gespielt habe.«
- »Meine Verzweiflung, dass ich es einfach nicht packe.«
- »Meine Verzweiflung, dass ich mich nicht verbessere.«
- »Mein Frust, dass ich so schlecht spiele/gespielt habe.«
- »Meine Wut auf mich, wenn ich verliere.«

Glaubenssätze

- »Ich darf nie verlieren.«
- »Ich werde nie so gut wie XY.«
- »Ich schaffe es nie unter die Besten.«
- »Ich werde ewig zweite Wahl bleiben.«

Rund um den Urlaub

Interessant ist der Ursprung des Wortes Urlaub: Es leitet sich nämlich vom Alt- bzw. Mittelhochdeutschen »urloup« = Erlaubnis ab. Diese holte der Ritter im Hochmittelalter bei seinem Lehnsherrn ein, um in die Schlacht zu ziehen. Urlaub bedeutet also nichts anderes als Erlaubnis. Die Erlaubnis, sich ein paar Tage von der Arbeit freizunehmen.

Nun, in die Schlacht zieht der Urlauber von heute nicht gerade. Oder etwa doch? Manchmal erinnern Urlaubsvorbereitungen ja tatsächlich an strategische Planungen, der Aufenthalt am Ferienort kann zum Kampf mit dem Hotel oder dem Reiseveranstalter geraten, zur Schlacht ums Büfett oder um die Strandliege. Und hinterher streitet man sich vielleicht noch vor Gericht mit dem Reiseveranstalter. Sollte es sich dabei um ein Erbe unserer Vorfahren handeln? Um aus ihren Fußstapfen zu treten und den Urlaub von A bis Z zu einem erholsamen Spaß zu machen, möchten wir Ihnen hier einige Klopfvorschläge unterbreiten.

Situation 89
Bevor der Urlaub losgeht

Manche Urlaubsplaner geraten sich schon in der Planungsphase in die Wolle. Denn wenn der eine hierhin, der andere aber lieber dorthin will, ist Streit vorprogrammiert. Aber man möchte die kostbare Zeit ja so gut wie möglich nutzen und bloß keine falsche Entscheidung treffen.

Mögliche Klopfsätze

- »Meine Angst, dass wir eine falsche Entscheidung treffen.«
- »Meine Angst, dass der Urlaub richtig blöd wird.«
- »Meine Angst, überhaupt zu verreisen.«
- »Meine Angst, von zu Hause wegzugehen.«
- »Meine Angst, in ein fremdes Land zu reisen.«
- »Meine Angst, mit meinem Mann/meiner Frau/meinem Partner allein zu verreisen.«
- »Meine Angst, dass wir uns im Urlaub streiten.«
- »Meine Angst, den ganzen Tag mit ihm/ihr zusammen zu sein.«
- »Meine Angst, dass wir uns langweilen.«
- »Meine Angst, dass mir meine Freunde fehlen.«
- »Meine Angst, mit dem Flugzeug/der Bahn/dem Schiff zu reisen.«
- »Mein Angst mit dem Flugzeug abzustürzen.«
- »Meine Angst, dass wir in ein Unwetter geraten.«

- »Meine Angst, dass wir in einen Stau geraten.«
- »Meine Angst, dass uns etwas passiert und wir nicht heil zurückkommen.«
- »Meine Angst vor Terroristen.«
- »Meine Angst, im Urlaub krank zu werden.«
- »Mein Ärger auf meine Frau/meinen Mann, dass sie/er so ängstlich ist.«
- »Mein Ärger auf meine Frau/meinen Mann, dass er nicht so will wie ich.«
- »Mein Ärger auf sie/ihn, dass er/sie sich nicht entscheiden kann.«
- »Mein Ärger, dass sie/er einfach bestimmt, wo wir hinfahren.«
- »Mein Ärger, dass das alles so teuer ist/Urlaub so viel Geld kostet.«

Mögliche andere Probleme
- »Ich kann mich einfach nicht entscheiden.«
- »Mein Stress mit diesem blöden Urlaub.«

Situation 90
Im Urlaub
Sie sind heil an Ihrem Ferienort angekommen und haben Ihr Quartier bezogen. Doch das rechte Urlaubsgefühl stellt sich nicht ein, sie fühlen sich nicht wohl, ärgern sich über irgendetwas oder haben sonst ein Problem.

Mögliche Klopfsätze

- »Meine Angst, dass ich krank werde/mir hier was weghole.«
- »Meine Angst, mich nicht zu erholen.«
- »Meine Angst, zuzunehmen.«
- »Meine Angst, dass das mit dem Lärm nicht besser wird.«
- »Meine Angst, morgens keine Liege mehr abzubekommen.«
- »Meine Angst, ins Meer zu gehen.«
- »Meine Angst, mich im Badeanzug/Bikini zu zeigen.«
- »Meine Angst, blöde angegafft zu werden.«
- »Mein Ärger über diese miserable Unterkunft/ dieses miserable Hotel.«
- »Mein Ärger über diese doofen Betten.«
- »Mein Ärger über die lahmarschige Reiseleitung.«
- »Mein Ärger über das Essen hier.«
- »Mein Ärger über den Dreck überall.«
- »Mein Ärger, dass das alles ganz anders aussieht als im Katalog.«
- »Mein Ärger, dass die besten Strandliegen immer weg sind.«
- »Mein Ärger, dass immer so ein Gedränge am Büfett ist.«
- »Mein Ärger über diese vielen Menschen.«
- »Mein Ärger, dass die alle so viel essen/ saufen.«

- »Mein Ärger, dass die anderen sich immer so viel Essen auf den Teller packen und es dann nicht aufessen.«
- »Mein Ärger über den Krach (der Diskothek, der Straße etc.).«
- »Mein Ärger auf die Zimmernachbarn, dass die immer so laut sind.«
- »Meine Verachtung für die anderen Urlauber.«
- »Meine Verachtung, dass die anderen so viel fressen.«
- »Meine Verachtung für die Einheimischen.«

Situation 91
Wieder zu Hause

Sie sind wieder daheim. Eine schöne Zeit liegt hinter Ihnen. Aber jetzt beginnt wieder der Alltag.

Mögliche Klopfsätze

- »Meine Trauer, dass der Urlaub schon wieder vorbei ist.«
- »Meine Trauer, dass ich wieder zur Arbeit muss.«
- »Schade, dass das so schnell vorbei war.«
- »Meine Angst, dass die Erholung schnell wieder verfliegt.«
- »Meine Angst, wieder so viel Stress zu haben.«
- »Meine Angst, wieder in den alten Trott zu verfallen.«

- »Mein Ärger, dass der Urlaub viel zu kurz war.«
- »Mein Ärger, dass ich nicht immer Urlaub haben kann.«
- »Mein Frust, dass jetzt wieder die Tretmühle losgeht.«

Wahlmöglichkeiten
- »Ich wähle, mir die Erholung lange zu erhalten.«
- »Ich wähle, im Alltag genauso entspannt zu sein wie im Urlaub.«
- »Ich wähle, in jeder Situation ruhig und gelassen zu bleiben.«
- »Ich wähle, die Freude des Urlaubs mit in den Alltag zu nehmen.«
- »Ich wähle, die gute Laune in meine Arbeit einfließen zu lassen.«

Sollte Ihr Urlaub nicht zu Ihrer Zufriedenheit verlaufen sein, kann das verschiedene Gründe haben. Entweder waren Sie vom Reiseziel enttäuscht oder es hat nicht den Vorgaben im Katalog entsprochen.

Mögliche Klopfsätze

- »Meine Enttäuschung über diesen Urlaub.«
- »Mein Ärger auf den Reiseveranstalter.«
- »Mein Ärger, dass wir auf dieses Angebot reingefallen sind.«

Verletzungen und andere Zwischenfälle

Situation 92
Verbrühungen, Verbrennungen, Schnittwunden

Jeder kennt die Situation: Sie wollen sich einen Tee aufbrühen, denken an nichts Bestimmtes. Und schwups! Schon ist es passiert. Sie haben sich heißes Wasser über die Hand gekippt. Ähnliches passiert immer wieder, auch beim Umgang mit der Bratpfanne und heißem Fett. Küchenmesser und andere Schneidewerkzeuge stellen ebenfalls eine mögliche Gefahr dar. Egal, wie Sie sich im Haushalt verletzen, die Reaktionen sind immer ähnlich:

Sie sind schockiert.
Sie sind ärgerlich auf sich.
Sie machen sich Vorwürfe oder beschimpfen sich.
Es tut höllisch weh.

Mögliche Klopfsätze

- »Mein Schock, mein Schock, mein Schock ...«
- »Mein Ärger auf mich, dass mir das passiert ist.«
- »Mein Ärger auf mich, dass ich nicht besser aufgepasst habe.«
- »Mein Ärger auf mich, dass ich so unaufmerksam war.«

- »Ohhhh, tut das weh!«
- »Diese Schmerzen!«
- »Mein starkes Bluten.«

Ihr Ärger kann sich auch auf andere Weise Luft machen, nämlich indem Sie sich *beschimpfen*. Dann klopfen Sie beispielsweise:
- »Du Idiot (blöde Kuh)! Hättest du nicht aufpassen können!«

Oder Sie *jammern und beklagen sich*. Dann könnte Ihr Klopfsatz sein:
- »Immer passiert mir das!«

Sie dürfen gern jammern, aber klopfen Sie sich dabei, bis die »Jammerenergie« aufgelöst ist und das Bedürfnis zu jammern vorbeigeht.

Unfälle jeglicher Art

Unfälle ereignen sich nun einmal. Ob Sie mit dem Auto unterwegs sind oder mit dem Fahrrad, ob Sie sich zu Hause oder auf der Arbeit befinden, passieren kann immer etwas. Unfälle lösen immer heftige emotionale Reaktionen aus und bringen den Menschen aus der Fassung, auch wenn er nur Zeuge des Ereignisses ist. Auf energetischer Ebene kommt es dann zu einer Blockade. Das Klopfen löst diese Blockaden auf und bringt Sie schnell wieder in Ihr emotionales und körperliches Gleichgewicht.

Situation 93
Beinahe-Unfälle

Sie kennen das sicherlich: Ein Moment der Unachtsamkeit, und beinahe wäre es zu einem Unfall gekommen. Es ist weiter nichts passiert, aber der Schreck sitzt Ihnen in den Gliedern.

Mögliche Klopfsätze

- »Mein Schock/mein Entsetzen.«
- »Mein Ärger auf mich über meine Unachtsamkeit.«
- »Meine Angst, dass mir so etwas wieder passiert.«

Situation 94
Leichte Unfälle

Sie haben beispielsweise mit dem Auto ein Verkehrsschild gerammt. Es ist weiter nichts passiert, aber Ihr Wagen hat einen Blechschaden erlitten. Dieser Umstand kann verschiedene emotionale Reaktionen auslösen. Sie können sich erschrecken, ärgerlich auf sich werden, ein Schuld-Scham-Gefühl haben, dass Ihnen so etwas passiert ist. Vielleicht haben Sie auch Angst, Ihrem (Ehe-)Partner von diesem Vorfall zu erzählen. All diese Dinge können Sie mit MET bearbeiten.

Mögliche Klopfsätze

- »Mein Schock/Schreck/Entsetzen.«
- »Mein Ärger, dass mir das (schon wieder) passiert ist.«
- »So blöd kann man doch nicht sein!«
- »Mein Schuldgefühl, weil ich diesen Schaden verursacht habe.«
- »Mein Schuldgefühl, weil das so teuer wird.«
- »So eine Blamage!« (Scham)
- »Meine Scham, meinem Mann/meiner Frau davon zu berichten.«

All diese Gefühle werden beklopft, bis Sie wieder in Ihrem emotionalen und körperlichen Gleichgewicht sind.

Achten Sie immer darauf, welches Gefühl Sie haben, und passen Sie entsprechend die Sätze an Ihre Situation an.

Situation 95
Unfälle mit Schadensfolgen

Eine etwas heftigere Form des Unfalls ist es, wenn Sie durch einen Unfall Schaden angerichtet haben. Beispielsweise sind Sie jemand anderem ins Auto gefahren. Hier reagiert der Mensch meistens mit Schreck, Schock und Erstarrung. Andere Gefühle wie Ärger, Schuld und Scham stellen sich meistens erst im Nachhinein ein und werden auch dann erst beklopft.

In der akuten Unfallsituation reicht es aus, nur die Punkte 6 zu beklopfen und sich auf den emotionalen Zustand zu konzentrieren. Wenn Sie möchten, können Sie dabei leise vor sich hinsprechen:

Mögliche Klopfsätze

- »Mein Schreck.«
- »Mein Schock.«
- »Meine Erstarrung.«
- »Mein Entsetzen.«
- »Meine zittrigen Knie.«
- »Mein Zittern.«

Nach dem Unfall, zu Hause oder im Krankenhaus, können Sie das Geschehene mithilfe von MET aufarbeiten:

Mögliche Klopfsätze

- »Mein Schuldgefühl, dass mir das passiert ist.«
- »Mein Ärger auf mich, dass ich nicht besser aufgepasst habe.«
- »Meine Scham, dass mir das passiert ist.«
- »Meine Trauer, dass mir das passiert ist.«

Wenn Sie angefahren wurden, können Sie klopfen:
- »Mein Ärger auf diesen Idioten!«
- »Meine Wut, dass der mir mein Auto ruiniert hat.«
- »Ich könnte platzen vor Wut über diesen (hier bitte ein Schimpfwort Ihrer Wahl einsetzen)!«

Situation 96
Unfälle mit Personenschaden

Wenn Sie einen Unfall mit Personenschaden verursacht haben, werden Ihre Gefühle natürlich viel stärker sein. Der Schock oder Schreck ist größer, vielleicht kommt auch Verzweiflung hinzu. Sie sind entsetzt, machen sich Vorwürfe und entwickeln ein Schuldgefühl oder schlechtes Gewissen. Vielleicht empfinden Sie auch Trauer, die andere Person verletzt zu haben. Als körperliche Reaktion kann es zu Übelkeit und/oder Kopfschmerzen kommen.

Wie im vorigen Abschnitt beschrieben reicht es, wenn Sie direkt am Unfallort nur die Punkte 6 beklopfen, um Ihren Schock und Ihr Entsetzen aufzulösen.

Mögliche Klopfsätze

- »Ich bin so geschockt!«
- »Ich bin entsetzt!«
- »Mein Entsetzen über das, was ich getan habe.«
- »Meine Übelkeit.«
- »Meine Kopfschmerzen.«

Mögliche Klopfsätze nach dem Unfall

- »Hätte ich doch bloß besser aufgepasst!« (Selbstvorwurf)
- »Ich Esel, wie konnte das nur passieren!« (Selbstvorwurf)
- »Wenn ich das nur rückgängig machen könnte!« (Verzweiflung)
- »Ich fühle mich so schuldig, dass der andere verletzt ist.«
- »Meine Angst, dass dem anderen was Schlimmes passiert ist.«
- »Meine Angst vor den Folgen.«
- »Meine Trauer, dass der/die solche Schmerzen hat.«
- »Meine Trauer, dass der/die so leiden muss.«
- »Meine Trauer, dass ich dem anderen Leid zugefügt habe.«

Es ist selbstverständlich, dass bei schweren Unfällen sofort der Notarzt gerufen wird. Jedoch können Sie sich auf jeden Fall, wenn Sie dazu in der Lage sind, wegen des Schocks, wegen Ihrer Ängste, wegen der Verletzungen und der körperlichen Reaktion beklopfen. Sie kommen so in eine entspannte, gelassene Haltung.

Was wir hier über Autounfälle gesagt haben, gilt natürlich auch für jede andere Art von Unfall. Achten Sie immer auf Ihre emotionale Verfassung und eventuelle körperliche Reaktionen und beklopfen Sie sich, sofern Sie dazu in der Lage sind.

Situation 97
Mückenstiche

Sie sitzen in einer lauen Sommernacht draußen und wollen die wohlige Wärme der Nacht genießen. Aber der Genuss wird durch die allbekannten kleinen Plagegeister, auch Moskitos oder Mücken genannt, gestört. Auch des Nachts, wenn Sie im Sommer bei geöffnetem Fenster schlafen wollen, wird Ihnen schon so manches Mückenweibchen, denn die sind die Stecher, den Schlaf geraubt haben. Um dieser Plage Herr zu werden, gibt es von chemischen oder natürlichen Geruchsmitteln bis hin zur Hightech-Aufrüstung alles. Ist ja logisch: Man will sein Blut schließlich nicht einfach so hergeben und dann noch mit diesen unschönen Hautquaddeln, die jucken und brennen, bestraft werden.

Mögliche Klopfsätze

- »Mein Ärger auf diese Sch...moskitos!«
- »Mein Ärger, dass es so etwas Sinnloses überhaupt gibt!«
- »Meine Wut, dass das so juckt.«
- »Meine Verzweiflung, dass das so juckt.«
- »Mein Ärger auf mich, dass ich mich wund gekratzt habe.«
- »Mein Ärger, dass sie immer mich anfallen.«
- »Mein Ärger, dass ich da nichts tun kann.«
- »Meine Ärger auf mich, dass ich Mücken so anziehe.«

- »Mein Ärger, dass ich nicht schlafen kann.«
- »Scheißviecher!«
- »Meine Resignation, dass sich da nichts ändert und ich damit leben muss.«
- »Das wird sich nie ändern.«
- »Da muss ich mit leben.«

Klopfen Sie auf jeden Fall auch die *körperliche Reaktion*:
- »Dieses Sch…brennen.«
- »Dieses Sch…jucken.«

Wenn sich alle Emotionen gelegt haben und Sie wieder im Gleichgewicht sind, können Sie eventuell einen *Wahlsatz* einklopfen:
- »Ich wähle, ab sofort außerhalb der Anziehungskraft der Mücken zu sein.«
- »Ich wähle, ab sofort eine abstoßende Wirkung auf Mücken zu haben.«

Situation 98
Bienen, Wespen und andere stechende Insekten

Diese Insekten sind nicht auf Nahrungssuche, wenn sie Sie stechen. Sie verteidigen sich lediglich. Dieses Wissen ist wenig tröstlich und nützt auch nichts. Die Stiche tun weh und führen mitunter zu heftigen, in seltenen Fällen auch tödlichen allergischen Reaktionen. Gehen wir zunächst einmal von einer normalen Reaktion aus. Dann können Sie dieselben Klopfsätze (oder eben Ihre eigenen

Sätze) verwenden wie bei den Mücken. Da Bienen- oder Wespenstiche sehr schmerzhaft sind, sollten Sie auch diese Schmerzen und das Brennen beklopfen:
- »Meine Schmerzen.«
- »Dieses Brennen.«

Sollten Sie eine heftige allergische Reaktion haben, dann steht ein mächtiges Gefühl im Vordergrund: die Angst.

Mögliche Klopfsätze

- »Meine Angst, zu sterben.«
- »Meine Angst, dass das dick anschwillt.«
- »Meine Angst, dass ich keine Luft mehr kriege.«
- »Meine Angst vor einem anaphylaktischen Schock.«
- »Meine Angst, ohnmächtig zu werden.«

Es ist wichtig, dass Sie so lange klopfen, bis wirklich alle Ängste und anderen negativen Gefühle aufgelöst sind und die körperlichen Symptome nachlassen bzw. verschwinden.

Nehmen Sie gegebenenfalls ärztliche Hilfe in Anspruch.

Situation 99

Feuerquallen

Beim Baden im Meer ist mit das Lästigste der Kontakt mit Feuerquallen, die für erhebliche körperliche Reaktionen sorgen können. In ganz seltenen Fällen (z. B. Portugiesische Galeere) führen sie sogar zum Tod. Die allergische Reaktion wird durch ein Nesselgift verursacht, welches zu brennenden Schmerzen, Hautrötungen oder juckenden Ausschlägen mit Blasenbildungen oder Schwellungen führt, vergleichbar einer leichten Verbrennung. Zurückbleiben können Pigmentveränderungen oder sogar Narben. Die Gefahr bei Nesselgiften ist immer auch ein allergischer Schock. Es besteht also akuter Handlungsbedarf. Sie sollten auf jeden Fall Ihren Schock, das Brennen und Jucken, Ihre Ängste beklopfen, und zwar so lange, bis die Symptomatik deutlich nachlässt.

Mögliche Klopfsätze bei Kontakt mit Nesselgift

- »Mein Schock.«
- »Aua, das brennt.«
- »Mein Entsetzen.«
- »Meine Angst, dass das ganz schlimm wird.«

Wenn Sie einen allergischen Schock erlitten haben, sollten Sie auf jeden Fall ärztliche Hilfe in Anspruch nehmen, sich aber auch parallel dazu weiterhin beklopfen oder beklopfen lassen.

Situation 100
Bisse von Tieren

Wenn Sie von einem Hund, einer Katze oder einem anderen Tier gebissen wurden, kann dies Schreck oder Schock, Ärger, Angst, Wut und dergleichen auslösen. Diese Gefühle können Sie beklopfen. Achten Sie aber auch in diesem Fall auf die körperlichen Symptome wie Schmerz, Blutung etc.

Mögliche Klopfsätze

- »Mein Schock/Schreck.«
- »Meine Wut/mein Ärger auf das Tier, dass es das gemacht hat.«
- »Mein Ärger auf mich, dass ich nicht aufgepasst habe.«
- »Meine Schmerzen.«
- »Meine Angst wegen der Blutung.«

Fallberichte und Rückmeldungen von Seminarteilnehmern

Sport

»... Eine MET-Erfolgsgeschichte mit einem Selbstversuch möchte ich noch erzählen:

Ich bin sportlich, fahre täglich mit dem Rad und laufe auch öfter, bin dabei aber nie über eine Strecke von etwa zehn Kilometern hinausgekommen. Nach meinem MET-Aufbauseminar habe ich mir für das Lauftraining eine Zieleingabe von 17 Kilometern gegeben, die ich leicht schaffte. Daraufhin habe ich mir gesagt: Wenn das so einfach ist, kann ich auch die ungefähre Distanz eines Marathons laufen.

Mein Bekannter, ein Sportwissenschaftler, meinte, man brauche dafür drei bis vier Monate intensive Vorbereitung. Ich trainierte dreimal in der Woche, und bald war mir klar, dass ich es in insgesamt nur sechs oder sieben Wochen schaffen könnte. Und siehe da: Gestern, also nach weniger als vier Wochen, bin ich 40 Kilometer am Stück gelaufen.

Mit MET habe ich also innerhalb von kürzester Zeit mein Ziel erreicht, mich mental gestärkt und sämtliche Blockaden, die mir hätten im Weg stehen können, weggeklopft.

Damit will ich nicht sagen, dass es leicht wäre, einen Marathon zu laufen, nein körperlich ist das sehr anstrengend und äußerst mühsam, was ich aber zum Ausdruck bringen möchte, ist, wie sehr mich MET gestärkt und befreit hat.«

F. G.

Augenentzündung

»… Dazu muss ich sagen, dass ich seit Jahren eine Entzündung am hinteren Augenabschnitt mit Sehschärfenverlust habe, mit der Folge, dass mein Sehen unscharf ist, ich Wellenlinien auf dem linken Auge sehe und meine Pupille nicht von meiner eigentlichen Augenfarbe (einem tiefen Braun) unterscheiden konnte.

Die Teilnehmer des Seminars sagten mir, dass meine Augen irgendwie klarer geworden waren, und beim Blick in den Spiegel stellte ich fest, dass ich erstmalig wieder meine Pupille erkennen konnte. Ich war sehr erstaunt.

Nach dem Seminar bin ich erst mal in den sogenannten Klopfmarathon eingestiegen, um alte Dinge bei mir aufzulösen. Eine augenärztliche Kontrolle ergab im Dezember 2007, dass ich beim Sehtest besser abschnitt – ich konnte eine komplette Reihe mehr erkennen als zuvor. … Man kann sagen, je mehr alte Dinge ich auflöste, desto klarer wurden meine Augen – schade, dass sich dies nicht fototechnisch dokumentieren ließ. (Bei den Augen tat sich Folgendes: Die Pupille wurde randscharf, es war zuerst nur noch ein dunkler Kreis am Pupillenrand zu erkennen, welcher dann auch mit weiteren Behandlungen vollständig verschwand, und schließlich waren und sind sogar die Maserungen des Auges zu erkennen.) ...

Ich bin vollauf begeistert von MET und möchte auch am Ball bleiben und die komplette Ausbildung machen. Schön wäre es, wenn Sie meinen Erfahrungsbericht auch anderen zugänglich machen könnten, damit möglichst viele Menschen, die unter ähnlichen Problemen leiden, einen Weg finden können, um eine Sehverbesserung zu erzielen.«

A. B.

Kein unerwünschtes Erröten mehr

»Ich danke Ihnen für Ihr wundervolles Buch, für Ihre wunderbare Anleitung zum Klopfen, für Ihre überzeugende Vermittlung der MET.

Wie ich darauf gestoßen bin? Ich arbeite seit etwa zehn Jahren in einer Buchhandlung und hatte in den letzten zwei Jahren immer wieder ganz große Probleme mit dem Erröten. Hinzu kamen in der letzten Zeit Probleme mit einer Kollegin, von der ich mich ständig bewertet, kritisiert und bloßgestellt fühlte (sie thematisierte z. B. ständig mein Erröten).

Obwohl ich quasi im eigenen Geschäft arbeite (der Laden gehört meinem Mann) und die Arbeit mir unglaublich viel Freude macht, genau wie die Begegnung mit anderen Menschen, hatte ich in der letzten Zeit oft schon beim Aufstehen Angst vor den Konfrontationen und dem Erröten, das mich immer tiefer in die Unsicherheit trieb und in die Angst, anderen Menschen zu begegnen. Was habe ich nicht schon alles ausprobiert: ein wochenlanges, zeitaufwendiges Training (bestimmte Autosuggestionen), die nichts brachten (oh, diese Enttäuschung trotz des Erfolgsversprechens!), Beschäftigung mit therapeutischen Werken, Therapien (ach und all die Forschungen in der Vergangenheit nach Ursachen) …

Nach einem Tag, an dem ich wieder einmal ständig auf die Uhr geschaut hatte, ob nicht bald Feierabend war, zitternd vor innerer Unsicherheit, vor Angst vor der nächsten kritischen Begegnung, die mich wieder bloßstellen würde in meinem Erröten, verließ ich völlig erledigt meinen Arbeitsplatz. Wie so oft war ich dem Weinen nahe.

Zu Hause stöberte ich im Internet und könnte heute gar nicht mehr sagen, welcher Suchbegriff mich genau zu Ihnen führte. Auf jeden Fall fand ich Sie, und ich bin mir sicher, dass das intelligente Universum mich zu Ihnen gebracht hat.

Beim Studieren Ihrer Homepage fiel mir ein, dass ich Ihr Buch schon einmal an einen Kunden verkauft hatte, doch zu diesem Zeitpunkt verband ich damit nichts Bestimmtes. Ich bestellte mir sofort Ihre beiden Bücher *Klopfen sie sich frei!* und *Sorgenfrei in Minuten*, las sie voller Spannung und begann noch am selben Tag zu klopfen. Da ich mir nicht sicher war, ob ich alles richtig verstanden hatte, besorgte ich mir auch noch Ihre DVD und danach fühlte ich mich richtig startklar.

Ich beklopfte meine Angst vor dem Erröten, die Angst davor, verletzt und bloßgestellt zu werden, die Angst, den Erwartungen anderer nicht zu entsprechen.

Am nächsten Tag ging ich zur Arbeit, gespannt auf mein Gefühl im Arbeitsalltag, in der Begegnung mit den Kunden, mit der Kollegin. Und was soll ich sagen: Ich errötete nicht mehr und das schreckliche innere Spannungszittern war wie weggeblasen! Ich konnte meiner Kollegin direkt in die Augen schauen, ohne die Angst, sie könnte mir irgendetwas »tun«, ich konnte mit den Kunden wunderbar befreit und auch in humorvollem Ton umgehen, ja, ich erlebte mich selbst im Umgang mit den anderen wie neu geboren: Ich konnte mich ganz und gar auf die anderen konzentrieren, statt wie bisher immer ängstlich und innerlich zitternd darauf zu warten, dass ich wieder »einknicken« und erröten würde.

Nach dreitägigem Klopfen fühle ich: Es ist ein völlig anderes Leben, das ich jetzt genießen kann! Ich habe aufgehört, nach den Ursachen für das Erröten zu fragen, ich widme mich endlich wieder intensiv und konzentriert dem Alltagsgeschehen, ich habe ganz andere Wahrnehmungen, fühle mich viel präsenter, aufmerksamer und voller Liebe!

Ich fühle mich so gut wie noch nie in meinem Leben und verspreche Ihnen: Ich werde Sie weiterempfehlen …

Allerherzlichsten Dank, lieber Herr Franke, für die beste und erste Hilfe, die ich je bekommen habe, und für Ihre deutliche und leicht verständliche ›Präsentation‹!

Grüßen Sie bitte auch Ihre Frau und geben Sie meinen Dank auch an sie weiter! Ich verbleibe mit lebensfrohen, energiegeladenen und mutigen Gedanken.«

Ch. T.

Sturz vom Fahrrad

»Ich habe gerade mal wieder eine großartige körperliche Erfahrung mit MET gemacht. Bin mit dem Fahrrad gestürzt und aufs Steißbein gefallen. Ich machte sofort danach MET, viele Male und gleich am nächsten Morgen wieder. Ich habe ab dem nächsten Tag nur noch kleinste Prellungen und spüre jetzt, vier Tage später, gar nichts mehr.«

L. H.

Begegnung mit dem Rasenmäher

»Mein Sohn hat gestern Rasen gemäht und ich ›durfte‹ ihm dabei helfen. Da das Gras etwas feucht war, ist es nicht richtig in den Auffangkorb geflogen. Was hat die Mama gemacht? Genau, ich habe mit der Hand nachgeholfen. (Ich weiß, dass man es nicht machen soll.) Na ja, jedenfalls hat es einen Schlag getan, mein linker Mittelfinger war taub und die Kuppe schwarz (nicht blau, sondern gleich schwarz).

Ich habe nur zu meinem Sohn gesagt, er solle weitermähen, und bin ins Haus.

Ich habe die linke Hand in kaltes Wasser gehalten und mit rechts geklopft. Ich kann euch sagen, da hörst du die Engel singen. Ich habe etwa eine halbe Stunde lang geklopft. Aber fragt nicht, was da alles für Gedanken kamen.

Abends kam mein Mann nach Hause und unser Sohn hat ihm alles erzählt. Laut Aussage meines Mannes hatte ich großes Glück, dass der Finger noch dran ist, denn er hat das Messer erst vor drei Wochen geschärft. Jedenfalls konnte er es nicht fassen, dass ich keinerlei (!) Schmerzen mehr hatte. Witzig war auch: Ich habe beklopft, dass der Bluterguss aufgelöst werden soll. Fünf Minuten später konnte man richtig beobachten, wie das Blut ablief.

Also, MET funktioniert, man muss es nur tun ...

Abends im Bett habe ich mich bei ›denen da oben‹ bedankt, dass sie mir dieses Hilfsmittel geschenkt haben.«

A.

Heißhunger

»Ich habe irgendwann einmal meinen ständigen Heißhunger geklopft. Dabei fiel mir auf, dass ich immer esse, um ein leicht magenschwaches Gefühl, leichten Schwindel und Übelkeit loszuwerden, also ungenügende Erdung. Daraufhin klopfte ich meine Erdung. Daraus folgte, dass ich mich an eine Zeit in meiner Kindheit erinnerte, als ich zwischen vier und sechs Jahre alt war, in der es mir immer ganz schlecht und irgendwie heiß wurde, wenn ich mich aufregte. Zur Linderung dieser Erscheinungen hatte ich mich seinerzeit oft auf den kalten Boden gelegt. Diese Erinnerung stand mir nun bildhaft vor Augen: wie ich schmollend und bockig mit verschränkten Armen dastehe und denke: ›OK, wenn das hier nicht so läuft, wie ich es will, dann gehe ich halt wieder!‹ Daraufhin habe ich dieses ›Mich-von-der-Welt-Zurückziehen‹, sobald es Probleme gibt, beklopft. Und jetzt habe ich endlich das Gefühl, angekommen zu sein. Es fehlt noch ein kleines Quäntchen, aber ich habe zum ersten Mal das Gefühl, die Füße auf dem Boden zu haben, und mein ständiger Heißhunger ist übrigens auch weg!«

K.

Mir liegt ein Stein auf dem Herzen

»Während ich mit einem Freund bezüglich dessen Freundin und Hund arbeitete, erwähnte er, er habe das Gefühl, einen schwarzen Stein in der Brust zu haben, der ihm Ängste und alle möglichen negativen Emotionen bereite. Nachdem wir die anderen Dinge bearbeitet hatten, hab ich ihn noch einmal wegen des schwarzen Steines gefragt. Er sagte, er sei noch da, aber sehr klein (etwa daumennagelgroß). Ich fragte ihn, wie er den Stein da wegbekommt. Er sagte: ›einfach rausnehmen.‹ Ich habe geklopft und ihn währenddessen den Stein rausnehmen lassen. Nach dem Klopfen lag der Stein in seiner Hand. Auf Nachfrage sagte er, er müsse ihn dort wegwaschen. Ich habe ihn dann in der Realität zum Händewaschen geschickt, und dann war der Stein weg. Am Ende waren er und sein Hund völlig platt und mussten erst einmal schlafen.

Zwei Tage später schrieb er mir eine SMS, er fühle sich ungewohnt, aber irgendwie gut. Schön, nicht?«

E.

Der Tod eines Kindes

Hallo, liebe Regina, wie ich Dir schon telefonisch mitgeteilt habe, ist meine Tochter J. im Alter von 20 Jahren bei einem Autounfall ums Leben gekommen.

J. wurde von einem Lkw ungebremst unter ein anderes Fahrzeug geschoben und seitlich über die Autobahn geschleudert. Ihre schweren Kopfverletzungen haben dazu geführt, dass sie mit dem Atmen aufgehört hat. Da sie außerdem eingeklemmt war, dauerte es fast zehn Minuten, bis sie wieder Sauerstoff bekam. Da die Gehirnzellen aber nach ungefähr vier Minuten absterben, erlag sie trotz aller Wiederbelebungsversuche einem Gehirntod. Sie lag zwei Tage im Krankenhaus an der Beatmungsmaschine, um auch endgültig die Gewissheit zu haben, dass ein Hirntod vorliegt. Diese Zeit war die schlimmste meines bisherigen Lebens. Ich bin nur so unendlich dankbar, dass ich am Wochenende davor MET kennengelernt habe, denn sonst wüsste ich gar nicht, wie ich diesen Schicksalsschlag hinnehmen könnte …

Am Abend des Unfalls habe ich gleich in der Klinik angefangen, mich und J. zu beklopfen.

Sie ist zwar nicht mehr aus dem Koma erwacht. An ihrem friedlichen Gesicht aber konnten wir sehen, wie glücklich sie war. Des Weiteren habe ich auch mich und meinen Mann beklopft, sodass wir sie letztendlich in Frieden gehen lassen konnten.

… Wir wissen, sie ist in eine andere Welt gegangen, und sind froh, dass wir durch das Klopfen erfahren haben, dass jeder Mensch auf dieser Welt eine Lebensaufgabe hat, die er nicht aus den Augen verlieren sollte. Dazu gehören auch Lebenslust, Freude, Liebe und Dankbarkeit. So haben wir unsere Minuten der Trauer, wenn sie über uns kommen, versinken aber nicht darin, da wir durch das Klopfen den Schmerz lösen können. Wir werden uns immer in Freude und Dankbarkeit an J. erinnern, weil sie in unseren Herzen immer bei uns ist.

Selbst die Trauerrede für meine Tochter konnte ich selbst vorlesen, da es mir darum ging, J.s Leben zu ehren. Deshalb konnte ich auch vielen Trauernden etwas den Schmerz nehmen.

Danke, Regina, dass ich MET und Dich kennenlernen durfte (und darf, da ich weitere Termine bei Euch wahrnehmen werde).

Ich drücke Dich und hoffe, vielen Menschen Mut zugesprochen zu haben. Man muss den Schmerz nicht immer mit sich tragen.«

E.

Quetschung in der Autotür

»Hallo Rainer, ich möchte Dir nochmals herzlich danken, dass ich durch Dich MET kennenlernen durfte, und möchte Dir mein kleines Wunder von heute schildern.

Da ich in der Nähe war, wollte ich einer Freundin als Dank für etwas, was sie für mich getan hatte, ein paar Blumen vorbeibringen. Ich kaufte einen Strauß, stieg ins Auto ein und schlug die Tür zu. Gleichzeitig griff ich nach dem Sicherheitsgurt und geriet mit dem linken Mittelfinger in die zuschlagende Tür. Der Schmerz war so stark, dass mir sofort die Tränen kamen und ich einer Ohnmacht nahe war. Zum Glück dachte ich an MET und fing augenblicklich an, die Schmerzen zu beklopfen. Die wurden bald besser, aber dann kam eine riesengroße Verzweiflung in mir hoch, die ich ebenfalls klopfte. Nachdem ich den Restschmerz weggeklopft hatte, konnte ich weiterfahren. Das dauerte nur wenige Minuten. Nach einiger Zeit kam noch einmal ein wenig Schmerz, verbunden mit dem Schuldgefühl, ich hätte nicht gut genug für mich gesorgt, weil ich mich verletzt hatte; das klopfte ich nochmals, und dann war alles weg. Ich konnte den Finger sogar wieder belasten, und es ist keine Verfärbung entstanden. Wow, kann ich da nur sagen.«

M. Sch.

Existenzangst

»Sehr geehrte Frau Franke, sehr geehrter Herr Franke, ich danke Ihnen nochmals für die Klopfbehandlung in Berlin. Sie hat wirklich gewirkt, ich kann das Wort ›Existenzangst‹ nicht einmal mehr richtig denken. Einfach toll ...«

M. T.

Verbrühung

»Ich bin 90 Jahre alt und habe MET durch meine Tochter kennengelernt. Sie hat mir gezeigt, wie MET funktioniert, und immer wenn ich einen Schmerz oder ein Problem habe, wende ich nun MET an. Aber in unerwarteten Situationen vergesse ich auch schon einmal, dass man mit MET ja fast jedes Problem beheben kann.

Vor einiger Zeit hatte meine Tochter das Essen gekocht, und ich wollte den Topf auf die andere Herdplatte schieben, da passierte es. Der heiße Wasserdampf traf meine Hand, und fast augenblicklich bemerkte ich an meinem Daumen einen brennenden, stechenden Schmerz. Auch bildete sich eine große Brandblase. Meine Tochter kam in die Küche gelaufen, fing sofort an, mich mit MET zu beklopfen, und sagte zu mir, ich solle alles sagen, was ich fühle. Während meine Tochter die Punkte beklopfte, sagte ich Dinge wie: ›Mein Ärger über mich‹, ›Dieser brennende Schmerz‹, ›Meine Wut auf mich‹, ›Wie konnte ich nur so blöd sein‹, ›Dieser

Schmerz«. Schon nach ein bis zwei Minuten Klopfen konnte man sehen, wie die Brandblase verschwand. Selbst die Rötung auf dem Daumen ging mehr und mehr zurück. Ich konnte sogar die betroffene Stelle wieder anfassen, ohne irgendwelche Schmerzen zu empfinden. Es blieb nur ein leicht raues Gefühl am Daumen zurück, welches aber auch am nächsten Tag verschwunden war.«
E.G.

Rückenschmerzen

»Hallo Ihr Fleißigen, das war eine wirklich hervorragende, seriöse, ehrliche, gelungene Übertragung der MET.

Meine Frau hat keine Rückenschmerzen mehr. (Zur Erinnerung: Ihre Beschwerden haben nach der Geburt unseres Sohnes vor fünfunddreißig Jahren angefangen und waren seither immer latent vorhanden.)

Fazit: eine halbe Stunde Behandlung mit MET – und tschüs, Schmerzen!«
M. F.

Prüfungserfahrungen

»Hallo Regina, hallo Rainer, superglücklich und endlich wieder entspannt möchte ich Euch mitteilen, dass ich die Heilpraktikerprüfung bestanden habe. Sowohl in der schriftlichen als auch in der mündlichen Prüfung war ich getragen von positiver Energie und guten Gedanken ... Ich war in den Prüfungssituationen (außer vorher, da klopfte mir das Herz gewaltig) die Ruhe selbst, war konzentriert, aufmerksam und habe die Prüfer als angenehm, nett und mir sehr freundlich zugewandt erlebt ...«

F. B.

Wespenstich

»Hallo zusammen, ich möchte Euch heute eine für mich sehr wichtige neue Erfahrung mit MET mitteilen. Es war am vergangenen Pfingstsonntag, als mich eine Wespe direkt in die linke Achselhöhle gestochen hat. Ein kurzer, sehr heftiger Schmerz und ein großer Schreck, weil ich im ersten Moment nicht zuordnen konnte, was es war. Ich klopfte sofort meine Nierenpunkte beidseitig mit den Worten: ›Dieser Schmerz‹, dann ›Mein großer Schreck‹ und schließlich ›Meine Wut auf die Wespe‹. Vielleicht fünf Minuten habe ich intensiv geklopft, ich spürte beim Klopfen keine Schmerzen unterm Arm, was aber am besten war, es gab keine Rötung an der Einstichstelle und überhaupt keine Schwellung.«

K.

»Als ich in meinem Wohnmobil den ersten Seminartag bei einem schönen Rotwein ausklingen lassen wollte, saß eine Wespe auf dem Rand meines Glases. Die hatte ich nicht gesehen. Sie stach mich in die obere Lippe. Nun

muss man wissen, dass ich eine ärztlich bescheinigte tödliche Wespengiftallergie hatte. Mir schoss durch den Kopf, wie furchtbar ich früher reagierte: monströse Schwellungen. Auch jetzt merkte ich, wie die Lippe anschwoll und es höllisch wehtat. Mir kam in den Sinn, dass Rainer im Seminar gesagt habe, man könne auch Allergien beklopfen. Das tat ich dann. Ich klopfte ›Mich hat eine Wespe gestochen‹. Der Schmerz ging weg, die Schwellung auch. Am nächsten Tag war nichts mehr zu sehen. Danke!«
D. M.

Flugangst

»Lieber Herr Franke, früher litt ich so sehr unter Flugangst, dass Flugreisen mit meiner großen Familie unmöglich waren. Das sorgte allmählich für Stress. Nach nur ein paar Klopfrunden war die Angst gänzlich verschwunden. Ich konnte es kaum glauben. Aber ich kann jetzt entspannt buchen und vor allem auch entspannt reisen.«
N. U.

Übermäßiges Schwitzen

»Schon in der Jugend schwitzte ich übermäßig. Nach dem Sport konnte man meine Kleidung regelrecht auswringen. Und nach dem Duschen geriet ich schnell wieder ins Schwitzen. Tanzen gehen? Unmöglich, schon auf dem Weg zur Disko war ich nass geschwitzt. Und der Sommer war sowieso die schlimmste Jahreszeit für mich. Als ich MET kennenlernte, konnte ich mir kaum vorstellen, dass es funktioniert. Hat es aber getan! Allein mit dem Klopfsatz ›Mein fürchterliches Schwitzen‹ habe ich erreicht, dass ich jetzt normal schwitze wie jeder andere auch. Genial!«

M. M.

Schokoladensucht

»Lieber Herr Franke, ich hatte ja im Seminar mein Verlangen nach Schokolade beklopft. Früher war es für mich unvorstellbar, auch nur einen Tag ohne Schokolade zu sein, mindestens eine Tafel am Tag. Anders ging gar nicht. Na ja, und seit dem Seminar habe ich überhaupt kein Verlangen mehr nach Schokolade und vermisse sie auch nicht.«

A. T.

»Lieber Rainer, schon als Kind aß ich jeden Tag mindestens ein Pfund Schokolade. Sie war mein einziger Trost. Am liebsten verkroch ich mich abends unter meiner Bettdecke und gab mich dort heimlich dem Schokogenuss hin. Aber seitdem ich im Seminar meine Schokosucht beklopft habe, fühle ich mich frei. Mein Leben hat sich komplett gewandelt, und Schokolade ist Vergangenheit.«

B. O.

Seekrankheit

»... habe mittlerweile mit dem Segeln auf hoher See begonnen und in stürmischer See bei Tag und bei Nacht das 13-Tonnen-Schiff mit sicherer Hand führen und mit Klopfen auch die aufkommende Seekrankheit rasch und sicher überwinden können. Ich kann allen nur eines sagen: keinen Tag ohne MET.«
F.

Angst- und Panikstörung

»Hallo liebe Frau Franke, hallo lieber Herr Franke, vier Jahre litt ich unter einer generalisierten Angststörung mit Panikattacken – ich hatte eine analytische Gesprächstherapie gemacht (über 3,5 Jahre). Diese hat mir auch sehr gut geholfen, wieder ins Leben zurückzufinden. (Die Therapeutin ist einfach klasse und ich denke in Dankbarkeit an sie.) Aber ein Rest von Angst vor der Angst und kleinere Rückfälle sind mir dennoch geblieben.

Da ich mich davor fürchtete, wieder in den Kreislauf von Angst und Panik zurückzufallen, habe ich nach einer Möglichkeit gesucht, mir in der Zukunft selber eine bessere Unterstützung zu geben ... An einem Tag, an dem es mir wieder mal nicht so gut ging – und die Angst wieder verstärkt zu spüren war –, habe ich im Internet gezielt nach einem Buch zu dieser Methode gesucht, mir das Buch bestellt – es hatte so gute Bewertungen. Es war eine prima Entscheidung – ich bin dankbar und froh, M.E.T entdeckt zu haben. Die Angst vor der Angst ist nicht mehr vorhanden – es gibt zwar noch Etliches, das ich für mich lösen muss, aber ich habe einen Weg gefunden.«

E.F.

Ekel vor rohem Gemüse

Wir erinnern uns an einen Seminarteilnehmer in einem unserer Grundseminare, der seit Jahrzehnten Ekel vor rohem Gemüse hatte. Er konnte an keinem Tisch sitzen, auf dem eine Schüssel mit Salat oder ein Teller mit Rohkost stand. Für seine Mitbewohner war es eine Qual. Im Seminar beklopfte er diese Thematik mit dem Klopfsatz »Mein Ekel vor rohem Gemüse«.

Nach nur wenigen Klopfrunden kamen ihm Erinnerungen an seine Kindheit. Seine Mutter hatte ihn immer gezwungen, rohes Gemüse zu essen, obwohl er es nicht mochte. Er beklopfte noch seinen Ärger auf die Mutter und seine Trauer darüber, dass sie ihn gezwungen hatte, rohes Gemüse zu essen. Danach biss er herzhaft in einen rohen Kohlrabi, den eine Seminarteilnehmerin als Pausensnack dabei hatte.

Erdwespenstiche auf einer Bergtour

Eine andere Seminarteilnehmerin berichtete uns in einem Aufbauseminar, dass bei einer Bergwanderung eine Dame in ein Erdwespennest getreten sei. Daraufhin hätten die Wespen einen Generalangriff auf sie geflogen. Sie sei insgesamt 16-mal gestochen worden. Ein Anruf bei der Bergwacht ergab, dass diese in frühestens einer Stunde vor Ort sein könnte. Was tun? Die Seminarteilnehmerin fing an, die gestochene Dame zu beklopfen, mit dem Resultat, dass die Männer von der Bergewacht, als sie schließlich erschienen, ganz verwundert nach der Patientin fragten. Diese war aber mittlerweile putzmunter. Keine Schwellung, kein Schmerz, kein Brennen. Die Wanderung konnte weitergehen.

Feuerquallen

Die unverhoffte Begegnung mit Feuerquallen ist sehr schmerzhaft und brennt fürchterlich. Tagelange, schwer heilende Entzündungen sind die Folge. Wir haben wiederholt Erfahrungsberichte gehört, wie sich Leute direkt im Wasser beklopft haben. Das Brennen verschwindet sehr schnell, es entsteht keine Entzündung. Nicht einmal eine Rötung ist zu sehen.

Literatur

Franke, Rainer und Regina: *Sorgenfrei in Minuten. Klopfen Sie sich gesund und glücklich mit Meridian-Energie-Techniken.* Integral, München 2005.

Pert, Candace B.: *Moleküle der Gefühle. Körper, Geist und Emotionen.* Rowohlt, Reinbek 2001.

Schlebusch, Klaus-Peter: *Infrarotanalytik. Alles Leben wird durch Licht gesteuert.* www.infrarotanalytik.de

Vernejoul, P. de / Albarède, P. / Darras, J. C.: *Etude des méridiens d'acupuncture par les traceurs radioactifs.* In: Bulletin de l'Academie Nationale de Medecine 169, Paris 1985, S. 1071–1075. In deutscher Sprache erschienen in: Die Neue Ärztliche, Nr. 39 (7. 11. 1985); Bioenergetik Nr. 6 (Juni/Juli 1988); Deutsche Zeitschrift für Akupunktur, Nr. 35 (Januar 1992).

Seminarangebot der Franke-Akademie

Für jeden, der MET über dieses Buch hinaus näher kennenlernen möchte, bieten wir in Deutschland, Österreich und der Schweiz ein reichhaltiges Seminarprogramm an. Neben vielen themenspezifischen Selbsterfahrungskursen bieten wir auch eine Fortbildung zum MET-Therapeuten®, MET-Berater® und MET-Coach® an.

Zudem bieten wir in vielen Städten Einzelbehandlungen an.

Weitere Informationen zu unserem Seminarprogramm und den Einzelbehandlungen finden Sie auf unserer Webseite www.klopfen.de.

Informationen erhalten Sie auch in unserem Büro:

Franke2 Die Akademie S.L.
Apartado 133
E-07620 Llucmajor/Mallorca/Spanien
Telefon (0034-971-66 28 23)
Fax (0034-971-66 42 56)
E-Mail: info@met2.de

Klopftherapie am iPhone: mit dem MET-App Ängste auflösen

»Klopfen Sie sich frei« heißt der Leitspruch von Rainer und Regina Franke. Gemeinsam haben sie die MET-Klopftechnik perfektioniert und ihre Wirksamkeit in Fernsehsendungen und mehreren Bestseller-Büchern belegt. Nun ist die MET-App für das iPhone erschienen. Die App vermittelt verständlich die Klopftechnik, die fortan in Eigenanwendung dabei hilft, bedrohliche oder lästige Ängste einfach aufzulösen.

Die MET-Klopftechnik lässt sich ohne Probleme selbst durchführen. Es werden keine technischen Hilfsmittel benötigt – nur eine App. Die MET-App macht aus dem iPhone einen mobilen Kursleiter, der das nötige Wissen vermittelt. Auf diese Weise ist es ein Leichtes, kleine und große Ängste selbstständig, sofort und dauerhaft aufzulösen.

Wie sich die Meridianpunkte finden lassen und wie es möglich ist, Flugangst, Existenzangst, Lampenfieber und andere Ängste aufzulösen, zeigt die App anhand von Filmen, Grafiken und Texten. Sie vermitteln die MET-Klopftechnik. Hinzu kommen zwei Übungen, die zur Steigerung und Harmonisierung des Energieniveaus durchgeführt werden können.

Die MET-App ist ab sofort im App Store in deutscher und englischer Sprache in der Rubrik »Lifestyle« erhältlich.

Über die Autoren

Rainer Franke ist Diplom-Psychologe und Gestaltpsychotherapeut, MET-Therapeut®, MET-Trainer. Regina Franke ist Heilpraktikerin, MET-Therapeutin® und MET-Trainerin.

Gemeinsam begründeten sie die Meridian-Energie-Techniken nach Franke® (MET) und bieten im Rahmen der Franke-Akademie MET-Selbsterfahrungsseminare sowie europaweit eine fundierte Ausbildung zum MET-Therapeuten/Berater und -Coach an. Zusammen haben sie bisher fünf MET-Bücher sowie die MET-Bewusstseinskarten *Sorgenfrei in Minuten* veröffentlicht. Rainer Franke hat die Wirksamkeit von MET in diversen Fernsehsendungen vor laufender Kamera unter Beweis gestellt (u. a. Fliege, Kerner, Planetopia, RTL Punkt 12, Stern-TV-Reportage, Stern-TV). Rainer und Regina Franke leben auf Mallorca, wo sie ein MET-Zentrum führen.

MET-Bewusstseinskarten

Der einfachste Zugang zur Klopftherapie

Rainer und Regina Franke
Sorgenfrei in Minuten
60 Karten in Deckelbox, mit Begleitheft
ISBN 978-3-7787-9209-4

INTEGRAL